JEAN QUI RIT...

COULOMMIERS. — TYP. A. MOUSSIN ET CH. UNSINGER.

JEAN QUI RIT...

PIÈCE EN QUATRE ACTES

PAR

MM. PAUL FÉVAL ET ADRIEN ROBERT

Représentée pour la première fois, à Paris, sur le théâtre
du Vaudeville, le 25 mars 1865.

MISE EN SCÈNE RÉGLÉE PAR M. A. VIZENTINI.

PARIS

E. DENTU, ÉDITEUR

LIBRAIRE DE LA SOCIÉTÉ DES GENS DE LETTRES

PALAIS-ROYAL, 17 ET 19, GALERIE D'ORLÉANS.

1865

Personnages :

JEAN REVEL, peintre	MM.	Frédéric Febvre.
Le docteur BRÉMONT.		Parade
ALBERT DE BRANNES.		Octave Lamy.
MOZELER, usurier, marchand de couleurs.		Delannoy.

JEAN REVEL, peintre . . . . MM. Frédéric Febvre.
Le docteur BRÉMONT. . . . .   Parade
ALBERT DE BRANNES. . . . .   Octave Lamy.
MOZELER, usurier, marchand de couleurs. . . . . Delannoy.

CHERBISON,
BILQUIN,
INDIANA,   Élèves de l'atelier Jean Revel. . . . .
CLOVIS,
JACQUINET,

Saint-Germain.
Colson.
Bastien.
Bource.
M.le Damis.

DE PRESLES,   Amis de M. MM. Ariste.
GONTRAN DE CARDONNE, de Brannes. Joliet.
PERVENCHÈRE, rentier. . . . . Ricquier.
BAPTISTE . . . . Roger.
UN DOMESTIQUE. . . . . Morel.
LA BARONNE D'ARGIS . . . . Mmes Alexis P.

PAULINE,
CHARLOTTE, ses fille. . . . .

Eugénie Doche.
Francine Cellier

MARION . . . . Bianca.
MADAME MINA, hôtesse de l'hôtel du *Chasseur-Noir*, à Wiesbaden. . . . . Lebreton.

Le premier acte, chez Jean Revel. — Le deuxième, chez madame d'Argis. — Le troisième, chez M. de Brannes. — Le quatrième, à Wiesbaden.

La scène se passe en 1864.

Toutes les indications sont prises de la gauche du spectateur. Les changements de position sont indiqués par des renvois.

Mise en scène réglée par M. Vizentini, directeur de la scène.

JEAN QUI RIT...

ACTE PREMIER

L'atelier de Jean Revel. — Porte au fond.—Portes latérales. — Chevalets, tabourets, toiles ébauchées, plâtres, bronzes. — Mobilier riche. — Au fond, une grande fenêtre avec rideaux verts à moitié du chassis et grands rideaux sur les côtés. — Guirlandes de feuillages accrochées au-dessus de la fenêtre. — Sur le devant de la scène, à gauche, un chevalet, un tabouret. — Un grand fauteuil. — A droite, une table et des chaises. — Au 2ᵉ plan, une toilette commode adossée au mur. — Un second chevalet, près de la porte à droite; la charge de Mozeler est crayonnée sur la porte.

SCÈNE PREMIÈRE

CHERBISON, BILQUIN, CLOVIS, INDIANA, M. PERVENCHÈRE.

(Au lever du rideau, Bilquin, en tenue d'atelier, est monté sur une échelle et attache des feuillages au-dessus de la fenêtre du fond ; Clovis peint ; Indiana dore un appuie-main et une palette ; Cherbison, chevelu et barbu, va à Pervenchère qui entre.)

BILQUIN, en haut de l'échelle près de la fenêtre. *
Trois mètres de lauriers !.. Trois ! (On lui passe des feuillages qu'il attache.)

PERVENCHÈRE, à Cherbison.
C'est à M. Jean Revel que j'ai l'honneur de m'adresser ?

CHERBISON.
Non, Monsieur.

PERVENCHÈRE.
Alors, vous êtes son clerc?

* Bilquin, Indiana, Pervenchère, Cherbison, au fond Clovis.

CHERBISON, étonné.

Son clerc! (Il regarde Pervenchère) Oui, Monsieur ! Mais comment avez-vous deviné cela du premier coup ?

BILQUIN, d'une voix tonnante.

Deux mètres de myrte, agréablement mélangé de roses... deux !

CLOVIS, s'éloignant de sa toile.

Le lion byzantin y est-il ?

PERVENCHÈRE, regardant le chevalet de Clovis.

Byzantin !... C'est un quadrupède remarquable !

CHERBISON, à Clovis.

Et les cornes ?

PERVENCHÈRE, stupéfait.

A un lion, Monsieur ?

CHERBISON.

Byzance, Monsieur, fut connue depuis lors sous le nom de Constantinople !.... Indiana !

INDIANA.

Seigneur ?

CHERBISON

Quand on aura fait les cornes, vous aurez la faiblesse de les dorer. (Pervenchère regarde tour à tour Cherbison et Indiana.) Que faisiez-vous jeune esclave ?

INDIANA, avec humilité

Seigneur ! Dans la pièce de vers, il y a que le ciel est prié d'accorder à notre Maître Jean Revel, surnommé Jean qui rit :

« La santé, l'appétit, et dix lustres encor.
« Pour broyer le soleil sur sa palette d'or. »

En foi de quoi je dorais la palette.

CHEBISON, avec dignité.

Il suffit! C'est byzantin ! (Aux rapins.) Aussitôt que ces feuillages auront été disposés avec grâce, vous collerez dessous en lettres d'or et byzantines, hautes de cinq pieds trois pouces, ce seul mot : Vive Jean qui rit !

CLOVIS, peignant.

Il y a quatre mots.

CHERBISON, avec élan.

Ils n'en font qu'un dans nos cœurs ! (Tous les rapins posent la main sur leur cœur. Pervenchère les imite avec émotion.)

PERVENCHÈRE, à Cherbison.

Monsieur, alors c'est une fête.

CHERBISON.

Oui, Monsieur, la Saint Jean !... Mais Byzance est maintenant au pouvoir des infidèles ! (Il fait un geste de désespoir, les autres l'imitent.)

PERVENCHÈRE.

Monsieur, j'ai l'honneur de vous remercier... Monsieur Jean Revel m'a été recommandé... pour mon portrait !.... quels sont les plus doux prix ?

CHERBISON.

A son cœur ?

PERVENCHÈRE.

Plaît-il ?

CHERBISON.

Je dis : les plus doux à son cœur.

PERVENCHÈRE, défiant.

Monsieur, je n'ai pas l'honneur de vous comprendre.

CHERBISON.

Alors, deux mille francs !

PERVENCHÈRE, avec indignation.

Monsieur, j'ai l'honneur de vous remercier. (Il lui tourne le dos.)

CHERBISON.

Ça ne vous va pas ?

PERVENCHÈRE, se retournant.

Monsieur !... je suis Monsieur Pervenchère, rentier.

CHERBISON.

Ah ! diable ! C'est différent ! (Aux autres.) Monsieur Pervenchère. (Tous l'entourent.)

PERVENCHÈRE, d'un air enchanté.

Vous avez entendu parler de moi ?

CHERBISON, d'un air sombre.

Jamais !

PERVENCHÈRE, orgueilleusement.

J'ai onze portraits personnels, monsieur ! tous peints d'après nature, et à l'huile !... les plus dispendieux vont dans les prix de cinquante écus.

BILQUIN, dégringolant de son échelle et tombant aux pied de Pervenchère.

Trente francs !

PERVENCHÈRE, effrayé et reculant.

Plaît-il ?

BILQUIN, d'une voix tonnante et marchant sur lui.

Je dis : trente francs !..

PERVENCHÈRE

Un portrait ?

BILQUIN,

En pied ?

PERVENCHÈRE.

Grandeur ?

BILQUIN.

Surnaturelle !

PERVENCHÈRE.

A l'huile.

BILQUIN, le regardant en face.

Tais-toi !

PERVENCHÈRE, étonné.

Plaît-il ?

BILQUIN, d'une voix musicale.

Alla fresca ? Démasquez l'échantillon ! (Il le fait tourner ; les rapins se rangent et laissent voir la charge de Mozeler crayonnée sur la porte.) Voilà le genre ! Seulement, on ne peut pas emporter.

PERVENCHÈRE, offensé.

Monsieur !

CHERBISON, dignement.

Ça reste attaché à l'établissement !

PERVENCHÈRE, remettant son chapeau.

Monsieur, j'aurai l'honneur de réfléchir... (Il se dirige vers la porte reconduit par les rapins et entouré de saluts et d'hommages.)

BILQUIN.

A moi seul les larmes !

CHERBISON.

Toutes les roses à toi !

PERVENCHÈRE, furieux enfonce son chapeau sur sa tête.

Messieurs... Messieurs, vous êtes des polissons ! (Il disparaît.)

SCÈNE II

LES MÊMES, moins PERVENCHÈRE, JACQUINET.

Jacquinet entre essoufflé par la porte de droite et va s'assoir à gauche. Tout le monde l'entoure. *

BILQUIN.

Jacquinet !

CHERBISON.

Tu as la parole, Jacquinet !

BILQUIN.

Dépêche !

INDIANA.

Mes fonds !

* Bilquin, Jacquinet, Indiana, Clovis, Cherbison.

CLOVIS.

Mon or.

JACQUINET.

Ouf ! laissez-moi souffler !..

BILQUIN.

Mon oncle a financé ?

CHERBISON.

Ma cousine a compris ses devoirs?

INDIANA.

Le mont de piété?...

JACQUINET.

Solide, le mont de piété!... c'est le seul !

TOUS, avec abattement.

C'est le seul !

INDIANA.

Et combien a-t-il prêté ?

JACQUINET.

Dix-sept francs soixante-quinze.

TOUS.

Dix-sept francs soixante-quinze !

CHERBISON.

Et c'est bien tout ?

JACQUINET.

C'est tout... Ah ! (Il se lève.) L'oncle de monsieur Bilquin
m'a remis...

BILQUIN, vivement.

Quoi?

JACQUINET.

Sa malédiction... voilà ! (Il étend la main.)

BILQUIN, mélancolique.

Enfant... garde-la... elle te portera bonheur !

JACQUINET.

La cousine de monsieur Cherbison était au lit... c'est un
Monsieur qui est venu...

CHERBISON, scandalisé.

Tais avec soin ces détails domestiques...

JACQUINET.

Le mont de piété seul... toujours rue des Blancs-Man-
teaux... (A Indiana.) Voilà le prix du manchon.

INDIANA, relevant sa moustache.

Chut ! (Il prend l'argent.) Clémence ne le demandera pas
avant l'hiver. Vive le petit Jacquinet !

CHERBISON, à Jacquinet.

Jeune homme ! tu as joui d'une popularité éphémère... tu
as été entouré... pressé... choyé... maintenant, rentre dans
ton néant! (Il le fait pirouetter sur les talons.)

JACQUINET.

Je vais déjeuner. (Il va s'asseoir sur un tabouret à droite et grignotte.)

BILQUIN.

Au conseil! (Les rapins se groupent, il se place devant le fauteuil. *)
J'expose les faits : L'orgie byzantine, que nous comptions
offrir respectueusement au maître pour le jour de sa fête,
était estimée à la somme de trois cents francs. Nous avons en
caisse ?

TOUS.

Dix-sept francs soixante-quinze centimes !

BILQUIN.

Reste un écart de deux cent quatre vingt deux francs vingt-
cinq centimes... on sollicite un moyen de le combler.

CHERBISON.

Je demande la parole! (Il prend la place de Bilquin, celui-ci reprend celle de Cherbison.) Messieurs... Jacquinet est trop frêle pour
le service militaire... mais Bilquin a de l'apparence; il pour-
rait s'engager pour sept ans...

BILQUIN.

Je propose l'ordre du jour. (Jacquinet monte sur l'échelle et regarde au dehors.)

CHERBISON.

Il y a le vieux Mozeler qui nous vend nos couleurs!...

TOUS.

Brûlé... le Mozeler...

BILQUIN.

C'est dommage, car il est bien garni!... (D'une voix sombre.)
Où demeure ce bon monsieur Pervenchère ?

CHERBISON.

Veux-tu l'assassiner ?

BILQUIN, soupirant.

Les progrès de la civilisation ont enlevé bien des ressour-
ces aux personnes embarassées !

JACQUINET, sur l'échelle.

Vivat! voici du renfort !

BILQUIN.

Qui donc ?

JACQUINET.

Mademoiselle Marion, le modèle pour les mains!

CHERBISON.

Marion, la bonne fille, qui prête son albâtre carminé aux
Duchesses... Je vais faire mon emprunt!

* Bilquin, Cherbison, Clovis, Indiana, Jacquinet.

SCÈNE III

LES MÊMES, MARION.

MARION, entrant un petit carton à la main.
Un emprunt!... à moi?
CHERBISON, tendant la main.*
Pour la fête de Jean-qui-rit, s'il vous plaît?
MARION, posant son carton.
Pour la fête de Jean-qui-Rit! Voici ma bourse, d'abord...
deux louis... Ah! que je voudrais être riche! (A Indiana et à
Clovis.) Mes bagues... (A Bilquin.) Et mon bracelet... Elle donne
une petite tape sur la joue à Jacquinet qui lui tend aussi la main et des-
cend en scène.

CHERBISON.
Quelle âme!

TOUS.
Quelle âme!

BILQUIN, lestement.
Bonjour Marionnette!

MARION.
Bonjour, l'atelier Jean-qui-Rit!... qu'est-ce qui me fait
donc la cour ici, déjà?... j'ai oublié...
CHERBISON.**
C'est moi! expressément pour le mauvais motif!
MARION.
A la bonne heure! mes enfants, je cherche Jean Revel et
le docteur Brémont.
CHERBISON, se frappant le front.
Le docteur!
BILQUIN.
Nous n'avions pas songé au docteur!
CHERBISON.
Le précieux docteur!
BILQUIN.
Le médecin des dames!
CHERBISON.
Cravate blanche.
BILQUIN.
Gants gris perle...
MARION.
Petit jonc à pomme d'or... vingt-huit ans depuis douze

* Jacquinet, Indiana, Clovis, Bilquin, Cherbison.
** Jacquinet, Bilquin, Marion, Cherbison, Indiana, Clovis.

ans... tous ses cheveux... conservé comme un roc!... il faut
que je lui parle !

CHERBISON.

Pour l'enfant !

BILQUIN.

Pour la petite Jeannette?

MARION.

Juste !

CHERBISON.

Ah! ça, on ne saura donc jamais cette histoire-là?

MARION.

Jamais !

CHERBISON.

Jean-qui-Rit parrain !... Brémont papa !...

MARION, secouant la tête.

Non !

BILQUIN.

Et Marion... pour les mains... petite mémère.

MARION, sérieuse.

Non; vous n'y êtes pas !... Le docteur va-t-il venir ?

CHERBISON, impétueusement.

Il faut qu'il vienne ! la fête byzantine est à ce prix !...
qu'on se rende chez le docteur, et qu'on l'apporte mort ou
vif ! (Brémont est entré par la porte du fond sur ces derniers mots.)

BILQUIN, CLOVIS et INDIANA, sans changer de place.

Volons ! (Il se retournent vivement, et se trouvent nez à nez avec
Brémont.) Oh!

SCÈNE IV

LES MÊMES, BRÉMONT.

CHERBISON.

En croirai-je mes yeux?

BILQUIN.

Petit jonc à pomme d'or !

CHERBISON.

Gants gris perle !

BILQUIN.

Cravate blanche !

MARION.

Conservé comme un roc !

CHERBISON, avec explosion.

Elle est sauvée !... (Changeant de ton.) Bonjour, docteur !

BRÉMONT, descendant la scène.

C'est une dame... la malade?... (On lui fait signe que oui.
Jeune?

CHERBISON.

Trop jeune!

BRÉMONT.

Jolie?

BILQUIN.

Maigre! (Brémont fait la grimace.) Mais que vos soins peuvent
arrondir !

MARION, à Brémont.

Docteur! (Brémont lui tend la main.)

CHERBISON, les séparant.

La paix ! Marion n'aura sa consultation qu'après la malade !
C'est pressé ! Jacquinet ! (Jacquinet s'approche.)

BRÉMONT.

C'est Jacquinet, la malade ?

CHERBISON, à Jacquinet.

Approche !

BILQUIN, de même.

Mets de côté la timidité naturelle à ton âge !

CHERBISON.

Et raconte à ce généreux étranger l'emploi de ta matinée.

BRÉMONT, à qui Marion à parlé bas.

Donne-moi du papier, Jacquinet.

CHERBISON, solennellement.

Il va écrire l'ordonnance... (Brémont s'assied à droite et se met
à écrire.) * Il a compris, ce médecin des dames et des âmes
en peine, que la malade en question était la bourse de l'a-
telier Jean-qui-Rit... il l'a compris, ou plutôt deviné, parce
que....

BRÉMONT, écrivant.

Parce que Marion lui a tout bonnement dit la chose... Où
est Jean ?

BILQUIN, lisant par dessus son épaule droite.

Bien!. . L'écrevisse bordelaise est d'un style excellent !

CHERBISON, par dessus l'épaule gauche.

C'est la joie des familles! (Indiana et Clovis cherchent à voir.

BILQUIN.

N'oubliez pas, Monsieur et cher docteur, le caractère
byzantin de l'entreprise.

CHERBISON.

Quelques mots en faveur des truffes... Les Empereurs d'O-

---

* Cherbison, Bilquin, Clovis, Brémont, Jaquinet, Indiana, Marion.

rient les accomodaient au vin de chypre... (Brémont écrit toujours.)

INDIANA, qui a réussi à voir.

Superbe !

CLOVIS, de même.

Magnifique !

CHERBISON.

Splendide !

BRÉMONT, se levant et lui donnant le papier.

Voici l'ordonnance... Où est Jean?

CHERBISON, brandissant le papier au dessus de sa tête.

Atelier Jean-qui-Rit!... (Tous s'approchent, et Marion se lève.) Témoignons, je vous prie, par un groupe expressif, notre reconnaissance envers ce bienfaisant étranger... Le groupe doit rappeler la manière du Bas-Empire ! (Pandant qu'il parle, l'atelier se groupe en tableau vivant Marion monte sur une chaise et étend un appuie-main au-dessus de Brémont.)

BRÉMONT, haussant les épaules.

Allons! allons! Est-ce fini? (Le groupe se détraque.)

CHERBISON, changeant de ton.

C'est fini... Va, Jacquinet, porte cette ordonnance chez le célèbre pharmacien qui dérige le restaurant Foy... ce fonctionnaire croit à la signature de Brémont, médecin en chef des dames de la Chaussée d'Antin. Va ! (Il lance Jacquinet à la porte... aux autres.) Rangez voir un peu l'atelier, vous autres; voici l'heure des clients !

BRÉMONT.

Me direz-vous où est Jean?

CHERBISON.

Avec plaisir!... nous n'en savons rien, docteur.

BILQUIN.

Il est sorti de bonne heure à cheval.

BRÉMONT.

Ah!... avec son monsieur de Brannes !

MARION.

Beaucoup de style, ce garçon là !

CHERBISON.

Le docteur ne l'aime pas!

BRÉMONT.

J'aime Jean !

BILQUIN.

L'amitié est jalouse comme l'amour !

BRÉMONT.

Peut-être. J'ai peur de ce monsieur de Brannes? On n'est pas maître de ces choses-là, vous savez... Moi, je ne suis pas un Parisien comme vous... J'arrive de province où j'étais un bon médecin de campagne... canne à pomme d'or... mais plus solide... pas de cravate blanche... pas de gants gris perle... Il y avait, dans mon village de Courcelette, là-bas, près de Bapaume, sur la route de Bruxelles, un garçon qui n'aimait plus rien... peut-être parce qu'il avait trop aimé... et qu'entre lui et son amour, un homme comme monsieur de Brannes avait passé... Un soir, Dieu amena dans cette maison qui était morte, une pauvre désespérée, qui y resta quelques jours seulement... quand elle partit, nul ne lui avait démandé son nom... Mais la maison vivait... Il suffit d'un berceau pour ressusciter une maison morte ! (Les rapins se sont rapprochés.

CHERBISON.
Ah! il y avait un enfant!

MARION.
C'est l'histoire de Jeannette... écoutez!

BÉRMONT.
C'est mon histoire... elle n'est pas longue... La petite avait un mois déjà, et je me disais me voilà bien, moi, son père... mais il faut un parrain... C'était encore un soir, j'avais mis le berceau sur l'appui de ma croisée, parmi les fleurs... je regardais Jeannette 'guettaut son premier sourire aux derniers rayons du gai soleil d'été... Quelqu'un se mit entre nous et le soleil... je levai les yeux... Il était là, ce grand fou, ce cher, ce joyeux visage... Jean-qui-Rit passait, portant son attirail de peintre voyageur... Il regardait aussi Jeannette de l'autre côté de la croisée... Je ne l'avais jamais vu; je lui dis : Voulez-vous être parrain... Ah ! Je crois bien ! Et grand-merci !... Il me sembla que Jeannette souriait ! Et par-dessus le berceau, nos mains tendues se rencontrèrent. Nouant une de ces amitiés qui ne finissent qu'avec la vie.

CHERBISON, ému.
Et vous avez la larme à l'œil, docteur !

BILQUIN.
Moi aussi !

BRÉMONT.
Allons donc ! par exemple ! (Il tourne le dos brusquement et remonte.)

CHERBISON, à Marion.
Il avait donc eu un grand malheur avant cela.

MARION.
Tant que j'ai été sa servante, je l'ai vu triste et seul.

BRÉMONT, revenant.
Il fut parrain ! Et comme en bonne conscience, il ne pouvait rester à Courcelette, je vins à Paris.

CHERBISON.

Vous auriez été à Rome ! (Il lui tend la main.)

BRÉMONT.

Est-ce que vous connaissez au monde un meilleur cœur que Jean ?

TOUS.

Non.

BRÉMONT.

Il a tout : la jeunesse, la force, le talent, la renommée naissante, la fortune qui vient... et il jouit de tout cela franchement, abondamment, dans la plénitude de sa robuste gaîté... Qu'a-t-il de commun avec ce fatigué.... avec ce blasé... ce dédaigneux qui se moque du bonheur, et qui raille l'amour... lui, Jean, l'heureux et l'amoureux ?... Je suis troubadour, moi, vous savez, poncif, rococo, classique même !... capable de parler des roses de la vie... C'est que la vie de Jean est une fleur... une fraîche... une mâle... une vigoureuse fleur !... Et j'ai peur qu'en la touchant, cet homme la flétrisse !... Notre Jean est Jean-qui-Rit... et l'autre...

CHERBISON.

L'autre n'est toujours pas Jean qui pleure...

BILQUIN.

Du matin au soir il s'amuse !

BRÉMONT.

Mes enfants, vous avez raison... l'autre n'est pas Jean qui pleure... Mais c'est peut-être Jean qui fait pleurer !

SCÈNE V

LES MÊMES, MOZELER.

(Pendant ces derniers mots, Mozeler, portant sa boîte de couleurs sous le bras et divers paquets, a ouvert doucement la porte de droite et est entré. Il écoute et entre en scène à petits pas.)

CHERBISON, sans le voir.

Diable ! diable !

CHERBISON, de même.

Le docteur a vidé son sac!... au diner, il sera d'une gaîté folle... Tiens! Mozeler *!

MOZELER, riant, accent allemand.

Jean qui rit, Jean qui pleure, Jean qui fait pleurer, Jean de

---

* Brémont, Indiana, Clovis, Bilquin, Mozellet, Cherbison, Marion.

Nivelle, Jean Rage, Jean Caisse !... j'en sais aussi des petites plaisanteries... Bien le bonjour la compagnie !

CHERBISON, à Marion.

Quel affreux gredin !

MOZELER, donnant la main à Cherbison.

Je vous remercie... ça va bien. Je viens voir si vous voulez m'acheter de petites couleurs, pinceaux, vernis... (A Marion) petits cachemires... bijoux d'occasion !... (A Brémont) petits instruments de chirurgie... et tout ce qui concerne mon état, mon cher monsieur Cherbison !... (Cherbison lui tourne le dos.) Je vends mon reste, excellent monsieur Bilquin, à moitié prix... je me lance dans les grandes spéculations.

BILQUIN.

Ah ! ah ! à moitié prix ? (Il s'approche de la chaise sur laquelle Mozeler a déposé sa boîte et l'ouvre.) Et a crédit ?... (Les autres s'approchent.)

MOZELER.

Voulez-vous bien. Jamais !... (Il referme sa boîte et la met sous son bras.) Dites-moi... le portrait avance-t-il ?

BILQUIN.

Quel portrait ?

MOZELER.

Le portrait de mademoiselle d'Argis.

MARION.

Vous connaissez ces dames, monsieur Mozeler ?

MOZELER.

Un petit peu... un petit peu...

CHERBISON.

Abraham, vous avez de belles connaissances !

MOZELER.

Oui... oui... j'en ai de toutes les couleurs !

BRÉMONT.

D'Argis !... mon vieil ami, le marquis d'Hervilly, de Bruxelles, à une sœur de ce nom.

MOZELER.

Oui... oui... (Vivement à Brémont.) C'est-il vrai, monsieur Brémont, qu'il est riche comme un crésus, ce bon monsieur le marquis d'Hervilly ?

BRÉMONT.

Il est deux fois millionnaire !

MOZELER.

Il a bien raison... et il n'a pas d'autres parents que cette bonne madame d'Argis ?

BRÉMONT.

Je ne crois pas.

MOZELER.

Ah! ah!... et il est bien malade?...

BRÉMONT.

Hein?... comment savez-vous ?

CHERBISON, riant.

Est-ce que vous seriez héritier, Abraham ?

MOZELER.

Non... non... c'est-à-dire... je suis... sans être positive-
ment... parce que... Voilà!... (A Brémont.) C'est dangereux, la
maladie de ce bon monsieur d'Hervilly ?

BRÉMONT.

Je pars ce soir pour me rendre près de lui.

MOZELER.

Alors, c'est grave... bien!... bien!... (Il arrange ses bagages.)
Puisque vous ne voulez rien m'acheter... je vais à mes petites
affaires... bonsoir la compagnie! (Il se dirige vers la porte.)

CHERBISON.

Le carrosse de monsieur Mozeler.

MOZELER.

Un carrosse... peut-être bien... peut-être bien... Ça pourra
venir ! (Il sort précipitamment.)

CHERBISON, aux rapins qui ont pris leurs chapeaux.

Un tour au restaurant, vous autres !

BILQUIN.

Et les derniers préparatifs!... A ce soir, docteur! (Ils
serrent de main.)

BRÉMONT.

Une vraie fête de Jean-qui-Rit!... à ce soir !...

TOUS.

A ce soir ! (Ils sortent.)

SCÈNE VI

BRÉMONT, MARION *.

MARION.

A nous deux, mon ancien patron!... comment va la petite
chérie ?

BRÉMONT.

Viens ici, et ne mens pas !

MARION.

Vous ne voulez pas me parler de Jeannette !

BRÉMONT.

Tout à l'heure... Cette demoiselle d'Argis est jolie ?

* Brémont, Marion.

MARION.

Oh ! ravissante !

RRÉMONT.

Je te demande si elle est jolie ?

MARION.

Oui... là... vraiment jolie !

BRÉMONT, réfléchissant.

Ah ! Jean n'a jamais prononcé son nom devant moi.

MARION.

Y a-t-il longtemps que vous l'avez vu ?

BRÉMONT.

Trois semaines !

MARION.

Le portrait n'est commencé que depuis trois semaines.

BRÉMONT.

Il y a une mère ?

MARION.

Charmante femme... un peu folle...

BRÉMONT.

Et une sœur ?

MARION.

Un amour !

BRÉMONT.

Et celle dont il fait le portrait ? ·

MARION.

Jean l'aime !

BRÉMONT, pensif.

Je vais à Bruxelles !... (Se levant.) L'oncle de mademoiselle
d'Argis lui donne une dot de trois cent mille francs. Jean l'é-
pousera !

MARION.

C'est dit ! Peut-on parler de Jeannette, maintenant ?

BRÉMONT.

Oui... Jeannette grandit... Jeannette est jolie comme un
petit ange... Jeannette est choyée... caressée... idolâtrée...

MARION.

Un père comme vous... un parrain comme Jean Revel...
ça peut bien remplacer une mère...

BRÉMONT.

Crois-tu ?

MARION, baissant la voix.

On n'a pas revu la jeune femme ?

BRÉMONT, de même.

Non !

MARION.

Je voulais vous demander une chose...

BRÉMONT.

Si c'est au sujet de la jeune mère, inutile...

MARION.

Ce n'est pas au sujet de la mère... J'ai été votre servante, monsieur Brémont...

BRÉMONT.

Et tu aurais mieux fait de ne pas changer, ma fille.

MARION.

C'est vrai... Mais je vous respecte toujours comme mon maître... et vous, jamais vous ne m'avez méprisée...

BRÉMONT.

Vas-tu me demander ma bénédiction?

MARION.

Ce serait celle du plus brave homme que je connaisse... ne vous fâchez pas... au lieu d'une bénédiction, c'est une permission que je vous demande...

BRÉMONT.

Tu n'est plus à mon service... Il y a longtemps.

MARION, montrant son petit carton.

C'est aussi la fête de la petite Jeannette.

BRÉMONT.

Après?

MARION.

Je voulais lui offrir...

BRÉMONT.

Offre-lui tout ce que tu voudras.

MARION.

Je ne l'aurais pas fait sans votre aveu.

BRÉMONT, souriant.

Tu es une bonne fille... montre.

MARION, enchantée.

Oh! c'est bien simple! (Elle ouvre le carton.)

BRÉMONT, avec émotion.

Une petite robe!... va-t-elle être mignonne?

MARION.

Alors, vous êtes content?

BRÉMONT.

Embrasse-moi!... et va lui porter cela.

MARION, lui tendant son front.

Ah! monsieur Brémont!.. Merci... (Se retournant sur le seuil de la porte,) Merci! (Elle sort.)

SCÈNE VII

BRÉMONT seul, puis JEAN REVEL, DE PRESLES.

BRÉMONT, la regardant sortir.

Brave fille! Alors, c'est moi qui garde l'atelier... il faut absolument que je voie Jean avant mon départ... Cette demoiselle Pauline d'Argis... Pendant que je suis seul, je ne serais pas fâché de jeter un coup d'œil à ce portrait!... (Il va vers le chevalet.) Une physionomie dit bien des choses...

JEAN, au dehors.

Payez le cocher!... (La porte s'ouvre, Jean paraît appuyé sur le bras de monsieur de Presles, il a un petit morceau de taffetas noir près de la tempe gauche et quelques marques de sang tranchent sur la pâleur de son visage.*

BRÉMONT, s'élançant.

Jean... blessé !

JEAN, entrant.

Tiens, le docteur !... tu arrives à point... décidément, j'ai du bonheur !... (Il se touche le frond.)

BRÉMONT, à de Presles.

Que s'est-il passé? (Il prend Jean par la main, lui enlève le morceau de taffetas et le fait asseoir à droite.)

DE PRESLES.

Une querelle...

JEAN,

Ces dames ne sont pas encore arrivées... tant mieux!

BRÉMONT.

Jean... une querelle?...

DE PRESLES.

Tout-à-fait fortuite...

JEAN.

Ce n'est rien... Monsieur de Presles, asseyez-vous donc!... Absolument rien... un coup de cravache...

DE PRESLES.

Plombée!...

JEAN.

Au restaurant de la Porte-Maillot, figure-toi... des amis d'Albert de Brannes... les amis des amis sont des amis... en conséquence, nous déjeunions ensemble...

* De Presles, Jean, Brémont.

BRÉMONT.

Ne parle pas tant...

JEAN.

Mais c'est fini... on n'y pense plus... ces messieurs vinrent à parler de ces dames...

BRÉMONT.

Quelles dames?

JEAN.

C'est juste... tu ne sais pas... Ah! j'en ai long à te dire...

BRÉMONT, lui posant un doigt sur la tempe.

Te fais-je mal?

JEAN.

Pas du tout...

BRÉMONT.

Qui a opéré ce premier pansement?

DE PRESLES.

La fille du garde...

JEAN.

C'est mal fait?

BRÉMONT.

Au contraire!

JEAN.

Il s'agissait des dames d'Argis... On a prononcé des paroles... absurdes... on accusait Albert de Brannes...

BRÉMONT.

Ah!...

JEAN.

Alors, naturellement, j'ai donné une paire de soufflets à mon adversaire...

BRÉMONT,

Je vois ce que ton adversaire t'a rendu! (Il verse de l'eau dans un verre et y trempe un linge avec lequel il essuie la blessure.)

DE PRESLES, se levant, à Brémont.

Est-ce grave?

BRÉMONT.

Non.

DE PRESLES.

Monsieur Revel... je m'en vais tout heureux... je craignais... je n'ai pas besoin de vous répéter mes offres. J'ai assisté à la querelle... je me regarderai comme honoré d'être un de vos témoins.

JEAN.

Grand merci!... j'accepte!

BRÉMONT, reportant sur la toilette le verre et le linge.

Ah! il y aura un duel?

JEAN.

Parbleu ! un soufflet donné, et un coup de cravache rendu, valent bien une balle de pistolet !

BRÉMONT, à de Presles.

Monsieur, je vais m'entendre avec vous, si vous le voulez bien... le docteur Brémont...

DE PRESLES, s'inclinant et lui donnant sa carte.

Je me tiens entièrement à vos ordres.

BRÉMONT.

A bientôt donc, Monsieur !

DE PRESLES.

A bientôt ! (A Jean, en lui serrant la main.) Vous me permettrez de revenir ce soir prendre de vos nouvelles, n'est-ce pas ?

JEAN, le reconduisant.

De tout cœur ! (De Presles sort.)

SCÈNE VIII

BRÉMONT, JEAN.*

JEAN.

Quel charmant garçon !... il m'a fait de la morale tout le long du chemin... il m'a dit que j'avais un trop-bel avenir pour fréquenter ces messieurs... qui n'ont rien à faire dans la vie... il a vingt-deux ans... deux cents mille livres de rentes... il en avait trois cents mille mais il est joueur, et...

BRÉMONT.

L'argent se fond vite à ce creuset.

JEAN.

Figure-toi que, quand j'ai reçu ce diable de coup, j'ai eu peur...

BRÉMONT.

Peur de quoi ?

JEAN.

Peur de mourir !... je suis si heureux de vivre, mon pauvre Brémont... si joyeux d'aimer...

BRÉMONT, riant.

Sans ma permission...

JEAN.

Tu parles d'elle, seulement, toi ; mais, moi je parle de tout ce qui m'est cher !... je parle de toi, mon brave, mon solide ami... je parle de ma petite adorée... ma filleule... ma Jeannette à nous deux... je parle... tiens ! c'est vrai... pour-

* Brémont, Jean.

quoi mentir?... Je parle surtout d'elle... de Pauline... de mon vrai bonheur... de mon rêve bien-aimé... du sourire qui me suit partout, qui m'entoure, qui m'enivre... tu vas la voir... tout-à-l'heure... et tu t'étonneras que j'en aie si peu dit... c'est ma femme, elle sera ma femme.... je le sais... j'en suis sûr ! j'ai toujours eu ce que j'ai passionnément désiré... (Lui sautant au cou.) Tiens, embrasse-moi !

BRÉMONT.

C'est bon d'aimer ainsi !... Mais c'est dangereux !

JEAN.

Dangereux?... Tu vas la voir !... regarde seulement la divine mélancolie de son sourire !... Tiens... écoute... on vient... c'est elle... (La porte s'ouvre.) non, c'est l'ami de Brannes.

DE BRANNES, entrant.

Que m'a-t-on dit? (Il s'arrête à la vue de Brémont.)

BRÉMONT.

Je te quitte !

JEAN, à Brémont.

Déjà?... pourquoi?

BRÉMONT.

Ton duel?

JEAN, à mi-voix.

Un prétexte?

BRÉMONT.

C'est vrai.

JEAN.

Allons, va! et reviens vite! (Brémont salue froidement de Brannes et sort.)

SCÈNE IX

JEAN REVEL, DE BRANNES.*

DE BRANNES, après avoir suivi des yeux Brémont, s'assied dans le fauteuil près du chevalet.

Ah! ça, tu est donc amoureux?

JEAN, retirant son pardessus et passant sa vareuse de travail.

Un simple mortel me demanderait de mes nouvelles, mais don Juan Cadet...

DE BRANNES.

Comment vas-tu, cher ami?

* De Brannes, Jean.

JEAN.

Pas plus mal que Polichinelle après la scène des coups de
bâton !

DE BRANNES.

Te voilà avec une affaire sur les bras?

JEAN.

Oui. (Il dispose son chevalet.)

DE BRANNES.

Deux affaires, si je te demandais pourquoi tu te mêles des
miennes...

JEAN.

On t'a dit?

DE BRANNES.

On dit tout... es-tu amoureux?

JEAN, préparant sa palette.

Il y a donc besoin d'être amoureux, pour défendre une
femme insultée...

DE BRANNES.

Tu sais... je crois peu aux femmes...

JEAN.

Une jeune fille...

DE BRANNES.

En 1864, y a-t-il encore des jeunes filles?

JEAN.

Tu te fais plus mauvais que tu ne l'es !

DE BRANNES.

Non... sans compliments... je suis comme çà... et dans
l'espèce, comme disent les seules gens qui parlent utilement,
les agréés... Tu as tort deux fois... trois fois même, en comptant l'homme à la cravache.

JEAN, vivement.

Oh ! celui-là !...

DE BRANNES.

Celui-là est mon ami comme toi !

JEAN, après un silence.

Ah ! — (Se dirigant à droite.) A-t-il une mère, ton ami? (Il
prend ses pinceaux dans un pot de grès placé sur la toilette.)

DE BRANNES.

Et une sœur.

JEAN.

Parfait !... C'est un coup d'épée que je rapporterai demain,
comme appoint du reste.

DE BRANNES.

Tu es cependant une bonne lame. (Il tire son porte cigare et
l'ouvre.)

JEAN.

Précisément, comme je verrai deux robes noires au bout de cette bonne lame, cela me gênera et je reviendrai encore éclopé. — Au diable la famille ! — Ne fume pas.

DE BRANNES, le regardant.

Décidément, tu es amoureux. (Il se lève.)

JEAN, avec une gaieté forcée.

Tu sais, si ton ami te prie de lui servir de témoin, sois bon camarade...

DE BRANNES, railleur.

Tu détournes la conversation... Ces dames vont venir ?

JEAN, il prête l'oreille à la fenêtre du fond.

Je les attends !

DE BRANNES.

Tu les entends... Depuis dix minutes, tu écoutes le roulement des voitures... la calèche de Mlle d'Argis a une voix, n'est-ce pas ?

JEAN.

Je ne veux pas que tu me parles d'elle ! tu n'en a plus le droit à présent.

DE BRANNES.

J'avoue que je ne suis pas un ami aussi valeureux et aussi compromettant.

JEAN, agité,

Ah ! je t'en prie... Tais-toi !

DN BRANNES.

C'est une passion véritable ! Allons, ne te fâche pas... elle est jolie personne... bonne fille... spirituelle... et l'oncle d'Hervilly lui donne trois cent mille francs !... Epouse ta Charlotte, et sois le modèle des maris !

JEAN, étonné.

Charlotte !

DE BRANNES, sérieux.

C'est donc Pauline ? ils se regadent, la porte du fond s'ouvre.

JACQUINET, entrant.

Madame la baronne d'Argis ! (Madame d'Argis paraît au fond en toilette très-élégante, ses filles la suivent Le regard de Pauline se fixe sur de Brannes qui baisse les yeux et va au-devant de madame d'Argis.)

SCÈNE X

LES MÊMES, MADAME D'ARGIS, PAULINE, CHARLOTTE.

MADAME D'ARGIS.

J'ai mes éblouissements... je n'y vois pas... je deviendrai
aveugle... (Jean la salue, elle s'assied.)* Croiriez-vous qu'en descendant de voiture... Eh! mais, c'est M. de Brannes! (Elle
lui donne la main.) Je n'y vois plus !... Quelle charmante rencontre? Vous nous accompagnerez à l'exposition... Bonjour,
M. Revel !.. il faut enfin que nous voyions votre tableau...
tout le monde nous fait honte... et Charlotte me persécute...
Cette enfant prend la peinture au sérieux !... elle me désole...
(Pauline fait sa toilette de séance. Charlotte s'assied près de Jean et lui
parle bas.) Aurons-nous une longue séance? il faut être de
bonne heure là-bas, pour bien voir le tableau... (A M. de Brannes.) C'est ce qu'on appelait des vapeurs... autrefois, à ce
qu'il paraît... le mal des marquises... un trouble au cœur,
puis mes yeux qui se voilent... J'ai consulté cent médecins...
on me dit que ce n'est rien... puis mes yeux reviennent tout
d'un coup... (Elle prend un journal sur la table.) Tenez je lis parfaitement...

CHARLOTTE, à Jean qui dispose sa toile sur le chevalet.

Alors, ça vous est égal qu'on vous appelle Jean-qui-Rit?

JEAN.

Ma foi, oui.

CHARLOTTE.

Vous avez raison, c'est si bon de rire !

MADAME D'ARGIS.

Commençons !... commençons !... Je suis admirablement
bien maintenant.

PAULINE, bas à de Brannes.

Il faut absolument que je vous parle!

DE BRANNES, de même.

On nous observe! (Jean va à Pauline.)

JEAN.

Mademoiselle! (Il lui indique la pose qu'elle doit prendre. — Debout, une main sur le dossier du fauteuil.)

CHARLOTTE, se levant et allant à sa sœur.

Ce n'est pas cela !... (Elle arrange les plis de la robe de Pauline,
puis remonte prendre un album qu'elle ouvre. De Brannes est près de
madame d'Argis de l'autre côté de la table.)

* Charlotte, Jean, madame d'Argis, Pauline, de Brannes.

JEAN.

Parfait! (Il commence à peindre.)

MADAME D'ARGIS.

Figurez-vous, cher M. de Brannes!... que cette folle de Charlotte prend des leçons pour tout de bon?... elle veut avoir une ressource!...

DE BRANNES.

Jean Jacques Rousseau enseigne.

MADAME D'ARGIS.

Vous, vous êtes un moqueur! (bas.) Cette Pauline est vraiment belle!

DE BRANNES.

De vos deux filles, madame, c'est celle qui vous ressemble le mieux.

MADAME D'ARGIS.

Flatteur, maintenant!... (à Jean.) Connaissez-vous un bon médecin pour moi?

JACQUINET, entrant.

Monsieur Jean, le docteur, il ne veut pas entrer... il n'a qu'un mot à vous dire...

JEAN, se levant.

Vous permettez?...

MADAME D'ARGIS.

Est-ce un bon? amenez-le-moi! (Jean va à la porte sans quitter sa palette et son appuie main.)

JEAN, au fond, sur le seuil.

Voyons... on te désire... il y a une charmante malade...

SCÈNE XI

LES MÊMES, BREMONT.

BRÉMONT, entrant, à Jean.

On refuse de se battre.

JEAN.

Nous en reparlerons... viens! (Il le prend par la main, et le présente à madame d'Argis.) Madame, M. le docteur Brémont, mon meilleur ami.

MADAME D'ARGIS.

Docteur, je prends l'occasion aux cheveux... (Brémont la salue.) Je veux une consultation. (Brémont l'écoute attentivement. Jean s'est remis à peindre. Pauline qui avait été voir le travail de Jean se retourne; Pauline et Brémont se touvent en face l'un de l'autre.

Leurs regards se croisent, Pauline fait un brusque mouvement et chancelle Brémont recule d'un pas.

CHARLOTTE, s'élançant.

Ma sœur ! (Elle l'a fait asseoir dans le fauteuil.)

JEAN, à Pauline.

Qu'avez-vous, Mademoiselle ?

MADAME D'ARGIS, à Brémont.

Qu'est-ce que c'est ? (Moment de silence.)

BRÉMONT, allant à Pauline.

Un spasme au cœur ! (Il lui prend la main.) Rien de grave.

MADAME D'ARGIS.

Comme moi !

BRÉMONT, à Pauline.

Etes-vous sujette à ces malaises, mademoiselle ?

PAULINE.

Non !

MADAME D'ARGIS.

On ne se moquera plus de moi ! (On s'empresse autour de
Pauline.)

BRÉMONT, bas à Jean.

J'ai à te parler ! (Regardant de Brannes qui les observe.) Plus
tard ! (A part.) Elle m'a reconnu !... mais qu'y a-t-il dans ce
cœur ? Je veux le savoir !

MADAME D'ARGIS.

Eh ! bien, docteur ?

BRÉMONT, il prend la main de madame d'Argis et lui dit
confidentiellement.

Il faut la distraire... soyez ma complice... tous les médecins ont des histoires... vous savez... je vais essayer... si vous
le permettez ?

MADAME D'ARGIS.

Oh ! je jouerai très-bien mon rôle ! (Allant à Pauline) Eh !
bien, comment te trouves-tu ?

PAULINE.

Mieux ! (Elle va pour se lever.)

JEAN, vivement.

Oh ! vous pouvez rester ainsi.

MADAME D'ARGIS, allant se rassoir à sa place.

Voyons, cette histoire, docteur !

BRÉMONT, élevant la voix.

Oui, madame... il s'agit de Jean ! (Il s'assied en face de Pauline.)*

MADAME D'ARGIS.

Ce cher M. Revel !

* Brémont, Jean, Pauline, Charlotte, madame d'Argis, de Brannes.

BRÉMONT.

De Jean et de moi... nous avons une petite fille... indi-vise... Je suis le père adoptif, il est le parrain... c'est une pauvre touchante histoire du temps où j'étais à Courcelette, près de Bapaume, médecin de campagne.

MADAME D'ARGIS.

J'ai passé souvent à Bapaume, en allant chez mon frère d'Hervilly... à Bruxelles!

BRÉMONT.

C'est la route! Donc, hier, pour la fête de son parrain, notre petite Jeannette a fait son premier pas. (La figure de Pauline s'anime.)

JEAN, peignant, à Pauline.

Restez ainsi !

BRÉMONT.

Ordinairement, le premier pas de l'enfant se fait de la mère au père... ils sont là... les bras tendus tous deux... la mère inquiète et souriante... le père inquiet et impatient... je ne sais pas lequel de Jean ou de moi est le père ou la mère... elle est à nous deux... et nous la chérissons du même cœur... (A Jean.) Montre-nous donc le portrait de Jeannette.

JEAN, peignant toujours.

De Brannes, dans l'album... là... sur le petit meuble. (De Brannes prend l'album l'ouvre et le présente à madame d'Argis.)

MADAME D'ARGIS.

Voyons Jeannette ? Quelle ravissante enfant ? (Mouvement de Pauline.)

CHARLOTTE, prenant l'album.

Oh ! charmante... en effet ! — Vois donc, Pauline ! (Elle lui donne l'album.)

PAULINE, regardant.

Oui... charmante !...

BRÉMONT.

Et en faisant le premier pas, elle a dit le premier mot !.. double fête !... et chose véritablement bizarre... chez cette enfant qui n'a jamais vu sa mère... savez-vous le premier mot qu'elle a dit ?... (D'une voix émue.)

PAULINE.

Maman !

BRÉMONT, d'un accent profond.

Vous serez une bonne mère, mademoiselle !... Oui... c'est cela... vous avez deviné... elle a dit maman !... (Il se lève.)

JEAN, déposant ses pinceaux.

J'ai fini !... (Pauline se lève ainsi que madame d'Argis et Charlotte.) J'ai fait plus en une demi-heure qu'en dix séances... ne re-

gardez pas... vous ne verriez rien ! Mademoiselle, je vous remercie... vous ne vous dérangerez plus pour votre portrait...
(Jacquinet entre et range les sièges et le chevalet.)

DE BRANNES, regardant le portrait.

Ebauche de maître.

CHARLOTTE, de même.

Admirable !

DE BRANNES, à part.

Il l'aime ! (En se retournant. Pauline déchire la page de l'album où
est le portrait de l'enfant et le vole.)

CHARLOTTE, allant à elle.

Te sens-tu mieux ?

PAULINE, serrant précipitamment la feuille.

Oui... oui ! je me sens bien... très-bien... (Elle lui rend l'album, Charlotte le pose sur la table.)

BRÉMONT, lui tâtant le pouls.

Plus de trace !

PAULINE, à voix basse.

Du fond du cœur ! merci !

MADAME D'ARGIS, à Jaquinet.

La voiture ! (Allant à Brémont.) Docteur, vous me devez ma
consultation !... je vous enlève !

BRÉMONT.

Me permettez-vous de dire un mot à Jean ? Je suis à vos
ordres !

MADAME D'ARGIS.

Faites vite !... (Pauline et Charlotte remettent leur chapeau.)

BRÉMONT, prenant Jean à l'écart

Je quitte Paris !

JEAN.

Toi !... Et mon duel ?...

BRÉMONT.

Je te l'ai dit... refus de se battre.

JEAN.

Il y a eu un soufflet de donné.

BRÉMONT.

Ce n'est pas toi qui l'as reçu... avant de partir, je te demande une chose... moi... ton meilleur ami... comme tu le
disais tout à l'heure ! n'engage pas ta parole avant mon
retour.

JEAN, étonné.

Ma parole !

BRÉMONT.

Pour ton mariage avec Mlle d'Argis.

JEAN, stupéfait.

Tu vas m'expliquer...

BRÉMONT.

Je t'en prie!

MADAME D'ARGIS.

Eh! bien, Docteur?...

BRÉMONT.

Je suis à vous, madame! (A Jean.) Tu m'entends, je t'en prie! (Il le quitte et offre son bras à Madame d'Argis.) Madame!...

MADAME D'ARGIS.

Vous venez de faire un miracle... A bientôt, notre cher peintre! (Elle sort au bras de Brémont et suivie de Charlotte.)

PAULINE, à de Brannes.

Je suis encore faible! je vous demande votre bras... à bientôt, M. Jean. (Sur le seuil de la porte.) A bientôt! (Jean les reconduit jusqu'à la porte.)

SCÈNE XII

JEAN seul.

M'aime-t-elle?... j'ai cru voir... (Il va prendre l'album et l'ouvre.) Oui la page est déchiré!... Elle sait que j'adore cette enfant!... elle a pris le portrait de Jeannette. (Il s'arrête devant son chevalet.) Pourquoi Brémont m'at-il dit d'attendre? Oh! que je l'aime! que je l'aime!

SCÈNE XIII

JEAN, MARION, LES RAPINS.

(Marion tient un bouquet... Cherbison, Bilquin et Indiana brandissent des bouteilles de champagne, Jacquinet porte le lion byzantin et Clovis tient un appuie main doré et orné de faveurs qu'il agite au dessus de la tête de Jean.)

MARION.

La fête byzantine offerte par l'atelier Jean qui Rit!

CHERBISON.

Entrée des satrapes de Cyrus!... Le feu d'artifice est en bas! (Ils entourent Jean.)

BILQUIN, à Jean.

Excusez ce timide apothéose... Il est l'expression la plus pure de l'estime et de l'amitié dont nos cœurs, en ce beau jour...

CHERBISON lui coupant la parole.

Très-bien! mais assez!... La main au dames et à la soupe.

JEAN.

Bravo!... A moi, l'atelier Jean qui Rit... rions à pleins verres!... rions en une nuit pour cent ans de soupirs, de douleurs
et de larmes!

TOUS.

Vive l'atelier Jean qui Rit!

FIN DU PREMIER ACTE.

ACTE DEUXIÈME

Chez madame d'Argis. — Une serre treillagée dont le fond est ouvert et laisse voir le jardin. — A gauche, un pavillon avec perron
— chaises rustiques. — A droite une table de jardin et trois
chaises.

SCÈNE PREMIÈRE

MOZELER, BAPTISTE.

(Mozeler entre au moment où Baptiste sort du pavillon un plateau de thé
à la main.)

MOZELER, à Baptiste *.

Ce bon M. Baptiste !... prévenez madame la baronne d'Argis que j'attends ses ordres ; elle m'a donné rendez-vous pour
ce matin.

BAPTISTE.

Madame n'est pas encore levée, monsieur Mozeler, et je ne
pense pas qu'elle reçoive aujourd'hui. (Il va pour sortir.)

MOZELER, le retenant.

Oh ! vraiment !... vraiment !... Serait-elle plus malade ?

BAPTISTE.

C'est à supposer ; le docteur est venu deux fois hier, et la
seconde fois il a parlé tout bas en sortant à mademoiselle
Pauline, qui a eu les yeux rouges toute la soirée.

MOZELER.

Oh ! vraiment !... (A part.) Cela devient sérieux !... (Haut.) Et
ce matin, mon bon monsieur Baptiste ?

BAPTISTE.

Madame la baronne a refusé de prendre son thé, et je rem-
portais le plateau.

MOZELER.

Posez-le sur cette table... Oh ! vraiment !... Cette pauvre

* Baptiste, Mozeler.

madame d'Argis, ça me fait bien de la peine... (Il va s'asseoir à la table sur laquelle Baptiste a posé le plateau *.) Elle sera fort mécontente que je ne l'attende pas... savez-vous? et il est déjà midi!

BAPTISTE.

Un quart !

MOZELER.

Un quart... (Il se verse une tasse de thé.) Oh!... vraiment!...

BAPTISTE, à part.

Il est sans gêne.

MOZELER.

Dès que cette bonne madame la baronne vous sonnera, prévenez-là...

BAPTISTE.

Que vous déjeunez dans le jardin?... Oui, monsieur Mozeler.

MOZELER, buvant une tase de thé.

Foui... foui... ça lui fera plaisir... J'avais des tiraillements... (A Baptiste qui cherche quelque chose sur la table.) Qu'est-ce que vous cherchez-là, mon bon monsieur Baptiste?

BAPTISTE.

La correspondance de madame qui est avec les journaux.

MOZELER, mangeant.

Ah!... foui... foui... le correspondance.

BAPTISTE, en sortant et d'un ton goguenard.

Si monsieur préférait mettre du rhum dans son thé ?

MOZELER.

Bien obligé, mon bon monsieur Baptiste... C'est trop fort pour mon estomac. (Il se verse de la crème. — Le valet rentre dans le pavillon.)

SCÈNE II

MOZELER, seul.

Le coquin se moque de moi!... Il ne se doute pas que c'est le bon M. Mozeler qui paie ses aiguillettes d'or, sa perruque poudrée... et son thé... (Il boit.) Du bien bon thé... foui... (Tirant d'un portefeuille trois billets de banque.) Voilà la fin du sac... du sac d'Argis trois mille! après quoi nous entamons le bon M. d'Hervilly... l'oncle de Bruxelles... prudemmeut... et en douceur!... (Il prend un journal.) Voyons ce que font les che-

* Mozeler, Baptiste.

mins Autrichiens... (En déchirant la bande du journal, il fait tomber une lettre qu'il ramasse.) Tiens! tiens... Oh! vraiment!... Bruxelles! Si c'était de ce bon M. d'Hervilly... il irait donc mieux?... (Jouant avec la lettre.) Hé! hé! ce serait plus curieux à consulter que le cours des Autrichiens... (Il regarde autour de lui.) Enveloppe gommée, parfaitement gommée!... Si on était curieux d'avoir des nouvelles de Bruxelles, il n'y aurait pourtant qu'à faire comme ça... (Il soulève le couvercle de la théière et pose l'enveloppe au-dessus de la vapeur d'eau.) Et ensuite comme ça... (Il glisse la lame d'un couteau entre les plis de l'enveloppe qui s'ouvre.) Mais ce serait bien indiscret... foui... foui... bien indiscret! (Il tire la lettre de l'enveloppe et lit.) « Ma-« dame ma sœur. Éprouvant beaucoup de peine à écrire, je « serai bref...(Parlé.) Il ne va pas mieux, ça va bien! (Lisant.) « Je romps toute espèce de relations, à dater de ce jour, avec « la mère imprudente qui n'a pas su garder l'honneur de sa « maison, et la présente est pour vous notifier que votre nom « est rayé de mon testament. » (Parlant.) Diable! diable!... En voilà un événement!... (Changeant de ton.) Ma visite est toute faite à présent... crédit coupé... Refermons vite cette lettre. (Il referme la lettre.) « Qui n'a pas su garder l'honneur de sa maison. » C'est du joli! M. Jean Revel aime mademoiselle Pauline, mais c'est un honnête jeune homme, tout à fait incapable de séduire une demoiselle... Oh! si je savais, peut-être que je pourrais faire une petite affaire!... Je n'ai toujours pas perdu ma matinée! (De Brannes arrive du fond, traverse la serre et va au pavillon dont la porte est fermée.)

SCÈNE III

MOZELER, DE BRANNES. *

J'arrive trop tôt. (Il aperçoit Mozeler.) Bonjour, monsieur Mozeler.

MOZELER, à part.

Si c'était lui! (Haut.) Vous êtes donc amoureux, mon bon monsieur de Brannes, pour venir de si grand matin à Bellevue?

DE BRANNES.

J'y viens peut-être pour affaire...

MOZELER, piteusement.

Eh! bien, tâchez de faire de meilleures affaires que moi.

* De Brannes, Mozeler.

DE BRANNES.

Bah! madame d'Argis aurait-elle dénoncé vos petits comptes d'intérêts au tribunal de commerce?...

MOZELER, souriant.

Vous me regardez donc comme un usurier?

DE BRANNES.

J'espère que vous n'en doutez pas?

MOZELER.

Ne nous fâchons pas, mon cher client ; car vous êtes toujours mon client?

DE BRANNES.

A 45 pour cent!

MOZELER.

Il tire sa tabatière et hume une prise tout en cherchant à lire sur la physionomie de de Brannes l'effet de ses paroles.

Ce n'est pas la mer à boire... 45 pour cent!... généralement, on prend plus cher que cela... dans le monde qui dit du mal des usuriers... à commencer par le fils de famille ruiné qui, pour s'assurer un riche mariage, vole le bouquet virginal d'une jolie et trop confiante héritière, pour l'oublier un jour dans une chambre d'hôtel, ou ailleurs.

DE BRANNES, froidement.

Le bouquet ?

MOZELER.

Foui... foui!... et la demoiselle aussi... c'est plus de 45 pour cent, mon bon monsieur de Brannes... (A part.) Il a changé de couleur, je suis tombé juste.

DE BRANNES, sèchement.

Je ne comprends rien aux apologues. (Il passe à droite et s'assied près du guéridon.)

MOZELER.

Alors, parlons la langue d'or ! (Tirant un carnet et un crayon de sa poche, et s'asseyant à sa première place.) Je vais vous faire un compte en partie double, suivez-bien : première colonne. Albert de Brannes, trente ans, vicomte par la grâce de... (De Brannes le regarde. Mozeler reprend.) Bien... bien... J'allais dire... je ne crois pas aux cancans, moi... position un peu attaquée sur le *turf*... crédit chancelant... physique heureux... front... considérable... caractère... chevaleresque... rentes.....

DE BRANNES.

Mettez mémoire pour le passé, zéro pour le présent, et pour l'avenir...

MOZELER, l'interrompant.

Deuxième colonne. Pauline d'Argis, beauté parfaite, caractère confiant, patrimoine paternel zéro, mais un oncle qui lui compte trois cent mille francs de dot, le jour de la signature de son contrat.

DE BRANNES, attentif.

Ce qui vous donne au total ?...

MOZELER.

D'abord les cinquante mille francs que me doit mon cher client, monsieur de Brannes.

DE BRANNES.

Si M. d'Hervilly approuve l'opération.

MOZELER.

Je me chargerais de le décider, s'il n'avait pas d'assez bonnes raisons pour faire ce mariage.

DE BRANNES.

Vous êtes parfaitement informé, maître Mozeler.

MOZELER.

Si parfaitement que je vous engage à ne pas attendre à demain pour causer contrat avec madame d'Argis. — Vraiment, si je vous donne ce conseil c'est que le moment est tout à fait bien choisi... croyez-moi !

DE BRANNES, se levant..

Je vous crois, monsieur Mozeler, votre intérêt me répond de vous. (Il passe à gauche.)

MOZELER, se levant et allant à lui.

Oui, et mademoiselle Pauline aussi aura intérêt à prouver à sa maman qu'elle ne saurait trouver un gendre plus aimable que vous... Je pense que vous donnez toujours votre petite soirée de jeu samedi ?

DE BRANNES.

Toutes mes invitations sont envoyées.

MOZELER.

Je n'ai pas reçu la mienne.

DE BRANNES.

Comment dites-vous ?

MOZELER.

Je dis comme ça : je n'ai pas reçu la mienne.

DE BRANNES, riant.

Ah ! pardon ! voilà une plaisanterie !

MOZELER.

Dame ! écoutez donc ! Je ne vends plus des couleurs dans les ateliers. Depuis que je commandite certaines opérations financières que vous connaissez bien...

DE BRANNES.

Comment !

MOZELER.

Et je tiens à faire une entrée, comme on dit au théâtre.

DE BRANNES, sérieux.

Ah!... Eh bien, vous entrerez, monsieur Mozeler, mais un peu plus tard,

MOZELER.

A la bonne heure! (Il lui tend la main.)

DE BRANNES, qui ne comprend pas.

Quoi ?

MOZELER.

Je dis comme ça : à la bonne heure! (Il reste la main tendue.)

DE BRANNES.

Est-ce tout ?

MOZELER.

Pourquoi ?

DE BRANNES.

Parce que je vais aller faire un tour de jardin en attendant que madame d'Argis reçoive.

MOZELER, avec fermeté et toujours la main tendue.

Presque tout.

DE BRANNES, se résignant à lui toucher la main.

Enfin!...

MOZELER.

Dame! (de Brannes sort.)

SCÈNE IV

MOZELER, puis CHARLOTTE.

MOZELER.

C'est toujours trois mille francs que j'encaisse en attendant les écus de l'oncle d'Hervilly... (Charlotte entre du deuxième plan à droite, un livre à la main et entend les derniers mots de Mozeler.) Quand le navire va couler à fond...

CHARLOTTE. *

Les rats déménagent.

MOZELER.

Mademoiselle Charlotte!... (Il veut prendre congé.)

CHARLOTTE.

Attendez un peu, monsieur Mozeler. — Savez-vous quel est ce livre ?

MOZELER.

Un roman ?

CHARLOTTE.

Non, monsieur Mozeler, je ne lis jamais de romans, je suis une demoiselle très-sérieuse : Je lis le code civil.

* Mozeler, Charlotte.

MOZELER.

Pourquoi faire ?

CHARLOTTE.

Pour causer nous deux !

MOZELER, étonné.

Nous deux ?

CHARLOTTE, elle descend près du guéridon et s'assied à gauche.

J'en étais au titre de la tutelle... Vous connaissez ?

MOZELER.

Oh ! je crois bien... un si beau titre, mademoiselle Charlotte ?

CHARLOTTE.

Savez-vous que les mineurs sont très-protégés ?

MOZELER.

Énormément protégés !

CHARLOTTE, continuant.

Et qu'un homme d'affaires, qui profite de l'inexpérience d'une mère...

MOZELER.

Oh ! je sais... je sais...

CHARLOTTE.

Rogron dit...

MOZELER.

De bien jolies choses !... Mais j'ai pris mes petites sûretés, allez, mademoiselle Charlotte... et c'est cette bonne madame d'Argis qui est dans son tort.

CHARLOTTE, sévèrement.

M. Mozeler, tout ce que fait ma mère est bien fait... je l'aime de tout mon cœur, je respecte ses volontés et je lui obéis aveuglément... vous entendez bien, aveuglément.

MOZELER.

Aveuglément... foui... foui, mamselle Charlotte... J'entends bien !

CHARLOTTE.

C'est pour cela que je vous ai laissé emporter, morceau par morceau, l'héritage de notre père.

MOZELER.

Oh !... morceau... par morceau !...

CHARLOTTE.

Si je vous dénonçais au parquet ?...

MOZELER.

Par exemple... ma conscience...

CHARLOTTE.

Asseyez-vous donc, M. Mozeler... (Elle lui offre la chaise placée à droite du guéridon.)

MOZELER, passant devant elle.

Je vous jure que ma conscience... (Il va s'asseoir.) *

CHARLOTTE.

Et laissez votre conscience tranquille... Il y a des sources qu'il ne faut jamais troubler...

MOZELER, s'asseyant.

Je suis en règle...

CHARLOTTE.

Rogron n'est pas persuadé de cela! (Elle pose un doigt sur son livre.) Mais causons.

MOZELER.

Comme une paire d'amis, mademoiselle Charlotte.

CHARLOTTE.

Ma mère vous a écrit hier, pour vous demander trois mille francs.

MOZELER.

Impossible!

CHARLOTTE.

Quel gage avez-vous donc emporté l'autre jour?... Ah! ce tableau de l'Albane...

MOZELER.

Les tableaux? mauvaise affaire!

CHARLOTTE.

Vous préférez les diamants?

MOZELER.

Ça se place mieux.

CHARLOTTE.

Donnez-moi votre parole d'... non... dites-moi que vous n'avez pas là, dans votre poche, trois mille francs en papier ou en argent.

MOZELER, étendant la main.

Oh! je suis prêt à jurer...

CHARLOTTE.

Ma mère avait réellement besoin de cette somme.

MOZELER.

On a toujours besoin de trois mille francs.

CHARLOTTE, après un temps.

Vous connaissez-vous en bijoux?

MOZELER.

Un peu... mais si peu...

CHARLOTTE, tire de sa poche un écrin qu'elle ouvre et présente à Mozeler.

Tenez, voici des boutons en brillants qui m'ont été donnés, pour ma fête, par mon oncle d'Hervilly... Qu'est-ce que cela peut bien valoir?...

* Charlotte, Mozeler.

MOZELER, soufflant sur les diamants et les regardant à la loupe.

Pas grand'chose... il y a un crapaud dans une des pierres... (Il repose l'écrin sur la table.)

CHARLOTTE.

Un crapaud?

MOZELER.

C'est un terme du métier.

CHARLOTTE.

Je les ai vendus hier trois mille francs à mon bijoutier... malgré le...

MOZELER.

Trois mille francs!... (A part, il se lève très agité et passe devant Charlotte.) Ça vaut dix mille francs, au bas mot... (A mi-voix.) Mais vous n'avez pas touché l'argent?

CHARLOTTE.

Le commis viendra me le porter à quatre heures, et prendre l'écrin... Oh! je suis bien tranquille!

MOZELER.

Tranquille! Vous êtes pillée, dévalisée, assassinée! ils valent dix mille... (Se reprenant.) Cinq mille francs comme un sou!

CHARLOTTE, se levant.

Croyez-vous?

MOZELER.

Mademoiselle, je suis trop l'ami de la maison pour souffrir que l'on abuse ainsi de votre inexpérience... et quand je devrais...

CHARLOTTE.

M. Mozeler, vous n'avez pas d'argent...

MOZELER.

Pas d'argent! pas d'argent...

CHARLOTTE.

Et puis, vendre à l'ami de la maison, un diamant qui a un...

MOZELER.

Oh! si petit... et puis, je ne suis pas bien sûr... (Il fouille rapidement dans sa poche.) Ah! vraiment... vraiment... je ne croyais pas que j'avais mon portefeuille avec moi! (Il cherche dans son portefeuille.)

CHARLOTTE.

Comment, monsieur Mozeler, vous êtes bourré de billets de banque, et vous venez de jurer que vous n'aviez pas trois mille francs.

MOZELER, vivement.

Trois mille, non! puisque j'avais cinq mille!

CHARLOTTE.

C'est juste... et digne de l'ami de la maison... Donnez vite!...

MOZELER, il compte les billets et les remet à Charlotte.

Un... deux... trois... quatre... cinq... voilà !... (Charlotte lui remet l'écrin. Mozeler l'ouvre, puis le referme et le met dans sa poche.)

CHARLOTTE, lui offrant le volume qu'elle lisait en entrant.

Merci, et comme vous avez été tout à fait gentil, monsieur Mozeler, voici l'épingle du marché ; les cinq codes, reliés en chagrin ; épingle instructive et morale qui pique les amis de la maison quand ils y touchent... Lisez, méditez, profitez... et regardez-moi bien, monsieur Mozeler... Je vous défends de repasser jamais le seuil de la maison de ma mère !

MOZELER, déconcerté.

J'y venais... pour rendre service... (Il va pour lui rendre le livre. A part.) La reliure vaut cent sous !... (Il le met dans sa poche.) J'excuse votre jeune âge, mademoiselle Charlotte... au plaisir !... (Fausse sortie, s'arrêtant.) Ah !... (A part.) Attends ! je vais te rendre la monnaie de ton code ! (Revenant.) Pardon, mademoiselle Charlotte... il y a une petite lettre pour cette bonne madame la baronne, avec les journaux... ne la perdez pas !...

CHARLOTTE, sèchement.

Merci !

MOZELER, saluant.

Oh ! il n'y a pas de quoi !... (A part.) Ça avancera les petites affaires de ce bon M. de Brannes ! (Il sort.)

SCÈNE V

CHARLOTTE, PAULINE *.

PAULINE, sortant du pavillon inquiète et troublée.

Je te cherchais, ma sœur.

CHARLOTTE, vivement.

Notre mère est-elle plus souffrante ?

PAULINE.

Non ; elle se sent mieux.

CHARLOTTE.

Je suis inquiète !

PAULINE.

De quoi ?... tu étais avec ce Mozeler... Y a-t-il un secret ?

CHARLOTTE.

Je n'ai pas de secret et n'en aurai jamais ! (Observant sa sœur.) Les secrets gonflent le cœur, pâlissent le visage et font pleurer les jeunes filles. C'est une sombre maladie qui fait beaucoup souffrir, mais que l'on ne peut cacher.

* Pauline, Charlotte.

PAULINE.

La curiosité aussi est une maladie.

CHARLOTTE, lui prenant la main.

Eh! bien, guéris-moi, ma chère Pauline; dis-moi pourquoi, depuis ce voyage que tu fis à Bruxelles, tu es si triste, pourquoi tu ne dors plus, pourquoi tu te caches de moi pour pleurer?

PAULINE, troublée.

Moi! (Elle passe à droite.)

CHARLOTTE.

Tu ne veux pas parler? — Les petits enfants non plus ne parlent pas, mais leur mère sait lire leurs souffrances et leurs peines dans leur regard. — Eh! bien, moi aussi j'ai lu, parce que je t'aime maintenant... (Regardant le pavillon.) plus qu'une sœur... (Elle la regarde bien en face.) Pauline, nous sommes ruinées... et la ruine suffirait à tuer notre mère, si la maladie n'était là... moi... peu importe!... Je le dis du fond du cœur... mais toi, Pauline!.. j'ai beaucoup songé... l'idée m'est venue d'aller trouver notre oncle d'Hervilly...

PAULINE, vivement.

Non... n'y va pas!...

CHARLOTTE, lui prenant la main.

Serais-tu résignée?

PAULINE.

Oui.

CHARLOTTE.

Que Dieu nous épargne cette immense douleur de perdre notre mère...

PAULINE.

Oh! le reste n'est rien!

CHARLOTTE.

Ma sœur... merci pour ce mot... mais il faut tout dire... Tu comprends, n'est-ce pas? nous n'avons plus rien... Une barrière va s'élever, du jour au lendemain, entre nous et le monde où nous avons vécu.

PAULINE.

Il peut y avoir dans ce monde des cœurs oublieux et lâches... mais j'en sais d'autres...

CHARLOTTE.

M. de Brannes, par exemple...

PAULINE.

Douterais-tu de lui?

CHARLOTTE.

Peut-être...

PAULINE, un peu ironiquement.

Et de M. Jean Revel?

CHARLOTTE.

Oh! celui-là! je n'ai pas de secret... moi, celui-là, je l'aime, comme tu aimes son ami M. de Brannes, et je l'oublierai.

PAULINE.

Pourquoi?

CHARLOTTE.

Parce que nous sommes pauvres.

PAULINE.

L'argent est donc tout pour toi?

CHARLOTTE.

L'argent n'est rien... rien, entends-tu?... Mais j'ai peur!...

PAULINE.

Si tu aimais sincèrement, tu ne parlerais pas ainsi... Ah! ce serait à mourir de douleur... (A part.) et de honte. (Haut.) Si l'on ne croyait pas, si l'on n'espérait plus...

CHARLOTTE, avec bonté.

Qui sait? peut-être que demain ce sera mon tour d'avoir le visage pâle et les yeux fatigués de larmes! (Touchant le cœur de Pauline.) Mais je sais où est le baume et je me guérirai... (Elle l'embrasse.) Tu ne sais pas, j'ai fait du commerce avant ton arrivée.

PAULINE.

Du commerce?

CHARLOTTE.

Oui, avec ce requin de Mozeler; notre mère avait écrit à M. Jean Revel pour le prier de venir aujourd'hui toucher le prix de ton portrait.

PAULINE.

Oui, elle vient de me le dire!

CHARLOTTE, montrant les billets.

On paiera à bureau ouvert, et il restera trois mille francs en caisse. Je vais porter tous ces petits chiffons à maman... tiens, si tu en avais comme cela une centaine, je te conterais des histoires couleur de rose... A tout à l'heure! (En se dirigeant vers le perron, elle se croise avec M. de Brannes qui entre.)

DE BRANNES, s'inclinant *.

Mademoiselle...

CHARLOTTE.

M. de Brannes, je vais prévenir ma mère de votre arrivée... (Elle rentre dans le pavillon. Pauline va la reconduire, puis après s'être assurée qu'elle s'est éloignée, elle redescend très-agitée près de de Brannes.)

* Charlotte, de Brannes, Pauline.

SCÈNE VI

PAULINE, DE BRANNES *.

PAULINE, très-agitée.

Que veut dire votre billet de ce matin?... De quelle lettre parlez-vous ?... Dites vite, monsieur !

DE BRANNES, lui présentant une lettre.

Je n'y comprends rien moi-même... voici votre lettre... et voici l'enveloppe... (Il les lui donne.)

PAULINE, les examinant.

L'enveloppe à vous... la lettre... (Lisant.) « Mon cher oncle !!! » (Elle pousse un cri et passe près du guéridon.) Mon oncle sait tout... je suis perdue ! (Elle se laisse tomber sur une chaise.)

DE BRANNES.

Se peut-il?... Expliquez-vous?

PAULINE.

Vous m'avez rendue folle... Oh ! j'ai trop souffert ! Dans mon trouble, je me suis trompée de lettre... mon oncle a dû recevoir celle où je vous disais... (Elle se cache le visage.)

DE BRANNES.

Que me disiez-vous?

PAULINE, se levant.

Je vous parlais de notre enfant... je vous disais que no re petite Jeanne. — Ah ! tenez, monsieur de Brannes ! qu'importe ce nouveau danger ! je ne puis penser qu'à notre enfant... notre enfant qui a été recueillie, élevée par la charité de deux étrangers, de deux hommes que je bénis comme deux anges gardiens. Vous saviez tout, vous, et vous n'avez pas été écrasé par la honte, quand vous avez entendu ce qui a été dit, l'autre jour.....

DE BRANNES.

J'ai souffert autant que vous, Pauline, et pourtant je n'ai rien à me reprocher...

PAULINE.

Pas même d'avoir abandonné votre fille ?.. pas même de m'avoir trompée indignement en me disant que vous la faisiez élever près de vous?

DE BRANNES.

Votre honneur m'était plus cher que tout au monde...

PAULINE.

Mon honneur ! ah ! par grâce, ne prononcez jamais ce mot-

* Pauline, de Brannes.

là! Parlez de mon amour, ce sera juste, ce sera vrai, ce sera l'explication et l'excuse... mon amour qui m'a donné le vertige et m'a tout fait oublier, en un jour, en une heure! ah! ce jour-là vous n'avez pas eu peur, vous n'avez pas hésité... ce jour-là, vous ne m'avez pas parlé de mon honneur!

DE BRANNES.

Calmez-vous, Pauline, et écoutez-moi.

PAULINE.

Dites! dites! j'écoute! j'ai besoin de vous entendre pour ne pas désespérer... maintenant surtout que la colère de mon oncle est sur moi comme une mortelle menace...

DE BRANNES.

Ce qui s'est passé est un rêve, un rêve de bonheur, qui va devenir une réalité. Si j'ai menti pour Jeanne, si j'ai négligé un devoir, c'est que je pensais à son avenir, au vôtre; c'est que je ne voulais rien risquer au hasard, rien compromettre... Votre mère m'a refusé votre main, vous le savez... maintenant, il n'y a plus à hésiter... il faut tout lui avouer aujourd'hui même...

PAULINE, passant à gauche.

C'est impossible, ce serait la tuer...

DE BRANNES.

Ce qui est impossible, Pauline... C'est que vous vous retrouviez face à face avec ce médecin qui est justement à Bruxelles, près de votre oncle!... que vous subissiez pour la seconde fois le regard de cet homme, de ce juge qui a votre secret, et qui vous prend pour une mauvaise mère!...

PAULINE.

Une mauvaise mère! moi!

DE BRANNES.

Eh! bien, si vous n'osez pas parler, aimez assez votre enfant pour partir avec elle, avec moi... Ah! par pitié pour vous, n'attendez pas que la foudre éclate sur votre tête.

PAULINE.

La malédiction de ma mère me frappera toujours, si loin que je me cache.

DE BRANNES.

Elle vous pardonnera quand vous porterez mon nom... quand Jeanne lui tendra ses petites mains suppliantes... Ne me faites pas attendre par grâce cette heure si ardemment souhaitée! ne me laissez pas devenir envieux et jaloux de ces cœurs dévoués qui ne rendront leur fille d'adoption qu'à Pauline de Brannes!

PAULINE.

Eh bien!...

JEAN, au dehors.

Attendez-moi là ! je reviens.

DE BRANNES, vivement et à mi-voix en voyant entrer Jean Revel.

Prenez garde, nous ne sommes plus seuls !

SCÈNE VII

LES MÊMES, JEAN REVEL *.

JEAN.

Mademoiselle... bonjour, de Brannes... (A Pauline.) Mademoiselle, je suis le dernier des Philistins ! j'arrive avec deux heures de retard ! et en charrette, ce qui fait scandale à votre porte.

PAULINE.

Ma mère est encore dans son appartement, monsieur Revel, et vous ne vous êtes nullement fait attendre.

JEAN, serrant la main de de Brannes.

Tu vas bien, toi?... (A Pauline.) Alors, mademoiselle, permettez-moi de congédier Catoche et Grisonne.

DE BRANNES.

Qu'est-ce que c'est que ça ?

JEAN, riant.

Mon cocher et son attelage : une fille de ferme et une ânesse magnifique... train direct, nous n'avons mis que trois heures pour venir du Plessis, soit un kilomètre par heure.

PAULINE, vivement.

Oui, je me souviens, c'est au Plessis qu'est votre filleule.

JEAN.

Oui, mademoiselle ! c'est au Plessis que cette jeune princesse se roule sur les meules de foin et gaule les canards. Ce matin, nous avons été chercher ensemble des mûres le long des haies, et comme les jambes de Jeannette ne sont pas bien longues... le temps a marché plus vite qu'elle...

DE BRANNES, avec un peu d'impatience.

Madame d'Argis doit recevoir maintenant...

PAULINE.

Je vais la prévenir... (Tendant la main à Jean.) Au revoir, monsieur Jean... elle est toujours aussi jolie que son portrait? (De Brannes s'assied à droite.)

JEAN.

Des joues comme des pêches, de bonnes grosses mains hâ-

* Pauline, Jean, de Brannes.

lées par le soleil, et gaie que les pinsons en perdent leurs chansons.

PAULINE.

Vous l'aimez bien?

JEAN.

Si je l'aime!

PAULINE.

Vous êtes si bon! (A part, en montant les marches du perron.) Il est heureux, lui, il peut l'embrasser! (Elle sort.)

SCÈNE VIII

JEAN REVEL, DE BRANNES *.

JEAN, à de Brannes.

Es-tu dans un de tes jours agréables, toi? (Il s'assied près de lui.)

DE BRANNES.

Pourquoi?

JEAN.

Parce que je suis si heureux aujourd'hui que j'ai peur que tu ne verses une goutte de vinaigre dans ma coupe.

DE BRANNES.

Je te promets de n'y laisser tomber que des feuilles de rose.

JEAN.

Albert, tu es mon plus vieux camarade... je sais que lorsque je t'ai rencontré après le collége, tu as dit que je t'avais jeté mon amitié à la tête.

DE BRANNES.

Moi!

JEAN.

Tu l'as dit, et c'était vrai. On m'avait dit à moi, que tu étais mauvais, et je l'ai pensé un moment.

DE BRANNES.

Ah!

JEAN.

Je m'étais trompé... tu étais tout simplement à plaindre. Laisse-moi tout dire! nous n'avions plus de famille! tu étais triste, moi, j'étais gai! pourquoi? c'est le secret de Dieu! tu es venu par désœuvrement d'abord à mon atelier, puis par habitude, et enfin, nous avons été compagnons.

DE BRANNES.

Le regrettes-tu, Jean?

---

* Jean, de Brannes.

JEAN.

Peut-être... le jour où je t'ai aimé, où je me suis senti inquiet et mal en train quand ta place était vide, j'ai essayé de t'arracher à cette existence que tu avais menée jusqu'alors... j'ai voulu te sauver de la ruine.

DE BRANNES.

Et tu n'as pas réussi ?

JEAN.

C'est ma faute ou la tienne.

DE BRANNES.

N'étais-je pas libre de manger ma fortune ?

JEAN.

Tout comme madame d'Argis.

DE BRANNES.

Tu es bien informé, à ce que je vois.

JEAN.

Et cela t'etonne de me voir causer ruine le sourire sur les lèvres.

DE BRANNES.

Un peu !

JEAN.

Eh! bien, étonne-toi beaucoup! j'arrive ici à pleines voiles comme le navire qui vient sauver les naufragés. Je sonne le bonheur, l'espérance, l'argent! Oui, mon ami, l'argent massif... Il y a huit jours encore, j'étais un amoureux honteux et malheureux... j'avais des remords, des scrupules... je n'osais parler...

DE BRANNES.

Et aujourd'hui, tu viens demander à madame d'Argis la main de sa fille?...

JEAN.

Pauline! que j'aime, que j'adore, et qui n'a plus rien; tu entends, plus rien !

DE BRANNES, vivement.

Comment sais-tu cela ?

JEAN, se levant.

Par cet arabe de Mozeler, qui m'a prévenu dans mon intérêt.

DE BRANNES, à part.

Ah! je comprends! (Haut.) Tu es donc riche, toi?

JEAN, radieux.

Moi! j'ai cassé ma tirelire sais-tu ce qu'elle avait économisé, cette bonne grosse tirelire : soixante mille francs, mon ami... et ce n'est pas tout : mes trois tableaux de l'exposition vendus admirablement, payés comptant, une californie!... mon pauvre de Brannes! Il paraît que j'avais du talent!

DE BRANNES.

Je te fais mon compliment !

JEAN, étendant la main.

Il y a là une fortune, vois-tu ! et là.... (Il se touche le cœur.)
et là, un trésor d'espérance et de bonheur... Excellente tirelire ! bienheureuse exposition ! trois joies du même coup...
Jeannette rentière et l'ami de Brannes... Ecoute, on m'a dit
des choses qui m'ont fait de la peine... on m'a dit que tu
étais ruiné... je t'apporte vingt mille francs pour payer tes
dettes criardes.

DE BRANNES, sèchement, en se levant.

Merci... mes dettes ne crient pas... et je n'emprunte jamais d'argent à mes amis.

JEAN.

Ah ! je savais bien que la goutte de vinaigre finirait par
tomber.

DE BRANNES.

Mon brave Jean, revenons à tes amours... Si tu m'en
crois, adresse-toi d'abord à mademoiselle Pauline.

JEAN.

Pourquoi ?

DE BRANNES.

Qui sait, elle a peut-être d'autres projets...

JEAN.

Tu dis cela d'un ton étrange... supposerais-tu ?...

DE BRANNES.

Moi ? je ne suppose rien, je te dis ce que je ferais à ta
place ! (A part.) A présent, je suis tranquille, elle parlera !
(Baptiste entre et emporte le plateau de thé qui était resté sur la table.)

SCÈNE IX

LES MÊMES, MADAME D'ARGIS, CHARLOTTE, sortant du pavillon.*

MADAME D'ARGIS.

Bonjour, messieurs, pardonnez-moi de vous avoir fait attendre, j'ai cru que je n'aurais jamais la force d'achever ma
toilette... Ah ! j'ai des nerfs déplorables !

JEAN.

Etes-vous plus souffrante aujourd'hui ?

MADAME D'ARGIS.

C'est un mal très-singulier... il me semble... mais tout le

---

* Charlotte, madame d'Argis, Jean, de Brannes.

monde se moque de moi, quand je parle de mourir... Vous
me trouvez changée depuis huit jours, hein?

JEAN.

Un peu pâle!

MADAME D'ARGIS, à Charlotte qui lui offre une chaise.

Merci, mon enfant, je vais essayer de marcher un peu...
(A Jean.) Votre portrait est charmant et le cadre magnifique...
(Elle lui prend le bras.) Je suis faible, très-faible... (Elle fait quelques pas à son bras et s'arrête devant la fenêtre du pavillon.) Tenez,
voyez-vous comme il meuble le salon. (Ils causent à voix basse.)

DE BRANNES, à mi-voix à Charlotte.

C'est un beau jour pour ce cher Jean, mademoiselle.

CHARLOTTE.

Pourquoi, monsieur de Brannes?

DE BRANNES.

Il vient demander la main de votre sœur.

CHARLOTTE, chancelant.

Monsieur Jean Revel!... ma sœur!

MADAME D'ARGIS, redescendant en scène, à monsieur de Brannes et
en allant s'asseoir à droite.

Savez-vous que c'est tout-à-fait aimable à vous, monsieur
de Brannes, d'être venu prendre de mes nouvelles aussi matin.
(Pauline sort du pavillon.)

DE BRANNES.

Je n'aurais pas voulu partir sans être complètement ras-
suré sur l'état de votre santé.

PAULINE.

Vous partez, Monsieur?

DE BRANNES.

J'ai des intérêts dans une affaire qui doit se conclure aujourd'hui même... nous signons le traité à quatre heures, et
je n'ai pas le droit désormais, de négliger une question de
fortune.

MADAME D'ARGIS.

Partez, cher monsieur, partez, et bonne réussite.

JEAN, à part.

Il ne m'avait pas parlé de cette affaire.

PAULINE.

Je joins mes souhaits à ceux de ma mère, monsieur de
Brannes.

DE BRANNES.

Merci, mademoiselle... (Il salue madame d'Argis.) Madame...

---

* Madame d'Argis, Jean, Charlotte, de Brannes.

MADAME D'ARGIS.

Ah! pas d'adieux, n'est-ce pas? je vous en prie! c'est
triste... il semble qu'on ne doit plus se revoir. (A de Brannes
qui lui baise la main.) A bientôt. (A ses filles.) Voyons, donnez la
main à notre ami. (Charlotte et Pauline lui serrent la main.)

PAULINE, à mi-voix.

A bientôt!

JEAN.

Je te reverrai à Paris?

DE BRANNES.

Je ne pense pas. (Il sort rapidement.)

SCÈNE V

LES MÊMES, moins DE BRANNES.

MADAME D'ARGIS, se lève et se rassied aussitôt aidée par Pauline.*
Je suis décidément trop faible pour marcher... (A Jean.)
Vous savez pourquoi je vous ai prié de venir, monsieur Re-
vel?

JEAN.

Non, madame.

MADAME D'ARGIS.

Je voulais vous donner les deux mille francs que je vous
dois pour le portrait de Pauline.

JEAN.

Avez-vous un peu d'amitié pour moi, Madame?

MADAME D'ARGIS.

Comment! mais beaucoup, monsieur Revel.

JEAN.

Alors, vous ne voudriez pas me faire de la peine?

MADAME D'ARGIS.

Non, certes; vous ne seriez plus Jean-qui-Rit.

JEAN, regardant Pauline.

Je suis payé au centuple par la joie que m'a donné ce
travail, par le plaisir qu'il vous a fait.

MADAME D'ARGIS, remuant les journaux qui sont sur la table.

Tout cela est fort joli, mon cher monsieur, mais ce n'est
pas ainsi que j'entends l'amitié... Tiens, une lettre de Bruxelles, de votre oncle!

PAULINE.

De lui! (A part, avec angoisse.) Déjà! (Elle chancelle.)

* Jean, madame d'Argis, Pauline, Charlotte.

CHARLOTTE, courant à elle.

Qu'as-tu ?

SCÈNE XI

LES MÊMES, BAPTISTE, puis BRÉMONT.

MADAME D'ARGIS.

Qu'est-ce ?

BAPTISTE.

Madame, c'est un monsieur qui voudrait parler tout de suite à monsieur Revel.

JEAN.

Mais je n'attends personne... (Brémont entre rapidement.)

BRÉMONT.

Madame, je vous demande mille pardon de me présenter ainsi en tenue de voyage.*

MADAME D'ARGIS.

Cela m'est bien égal, par exemple ! voyons, venez vite, méchant homme qui abandonnez vos malades.

BRÉMONT, saluant.

Mesdemoiselles ! (Il va serrer la main de madame d'Argis.)

JEAN, étonné.

Déjà de retour !

BRÉMONT.

Je n'ai qu'un mot à dire à Jean, vous permettez... (Prenant Jean à l'écart.) Le marquis d'Hervilly a écrit à sa sœur.

JEAN.

Madame d'Argis allait lire sa lettre quand tu es entré !

BRÉMONT.

Pauline est perdue si sa mère lit cette lettre !

JEAN.

Perdue ! Pauline !

BRÉMONT.

Je te dirai plus tard... sauvons-la d'abord. (Madame d'Argis est groupée avec ses filles près de la table, elle tient la lettre à la main. Pauline couve la lettre d'un regard anxieux. — Madame d'Argis, comme au sortir d'une distraction, fait le geste de briser le cachet... Mouvement de Pauline. Jean voit tout et s'élance.)

JEAN.**

Madame, je vous demande une grâce.

MADAME D'ARGIS, étonnée.

Une grâce, monsieur Jean ?

* Jean, Brémont, madame d'Argis, Pauline, Charlotte.
** Brémont, Jean, madame d'Argis, Charlotte, Pauline.

JEAN.

J'aime mademoiselle Pauline, votre fille, et je vous supplie
de m'accorder sa main !

BRÉMONT, cherchant à le retenir.

Jean !...

JEAN, à mi-voix et fermement.

Ne m'as-tu pas dit qu'elle était perdue?

PAULINE.

Mon dieu !

CHARLOTTE, bas à sa sœur.

Oui, c'est toi qu'il aimait !

MADAME D'ARGIS, étonnée.

Comment avez-vous dit? au fait j'ai très-bien entendu...
Voyons, est-ce qu'il faut répondre sérieusement?

JEAN.

Oui, madame... s'il vous plaît... car, c'est en tremblant...
que j'attends votre réponse.

MADAME D'ARGIS, riant.

Comment, ma réponse? mais je suis fort embarrassée,
mon cher monsieur Jean... c'est étonnant... c'est... bizarre...
c'est... trouvez-moi donc le mot, docteur?

CHARLOTTE, offensée.

Maman !

MADAME D'ARGIS.

Vous êtes un charmant garçon, parfaitement loyal, aimable
et gai... mais... vous n'êtes pas un mari... non, vrai, ce serait trop drôle... Pauline, madame Jean-qui-Rit. (Elle se lève
en éclatant de rire, mais porte aussitôt la main à ses yeux et chancelle.)

PAULINE, passe derrière madame d'Argis, et dit vivement à Jean.

Monsieur... ma mère ne sait pas... je veux dire... son état
de souffrance... je vous prie de lui pardonner.

BRÉMONT, allant à madame d'Argis.

Madame, aujourd'hui, vous devez éviter toute cause d'é-
motion... ne lisez pas cette lettre.

MADAME D'ARGIS.

Une mauvaise nouvelle?

BRÉMONT.

J'ai quitté Bruxelles tout exprès pour vous épargner un
chagrin.

PAULINE, à part.

Cette fois, il ne pourra pas me sauver !

MADAME D'ARGIS.

Mon frère ?

* Pauline, Jean, Brémont, madame d'Argis, Charlotte.

BRÉMONT.

Le marquis est malade, bien malade... et sa raison...

MADAME D'ARGIS, sur un ton léger.

Mais je l'ai toujours connu fou, ce cher marquis! (Elle a ouvert la lettre.) Eh! bien, voilà que je n'y vois plus... comme hier... mais plus du tout...

BRÉMONT.

Aussi, pourquoi vous fatiguer inutilement.

MADAME D'ARGIS, tendant la lettre à Charlotte.

Tiens, lis pour moi, Charlotte. (Charlotte pâlit après avoir jeté un coup d'œil sur la lettre et regarde sa sœur qui baisse les yeux.) Eh! bien?

CHARLOTTE.

Je lis, ma mère! (Elle feint de lire et son regard reste attaché sur sa sœur.) « Madame ma sœur, je m'étonne et m'afflige de ne « pas recevoir de vos bonnes nouvelles... j'espérais pouvoir « aller vous surprendre à Paris dans quelques jours, mais le « docteur ne veut pas m'accorder de vacances avant deux « mois. »

JEAN, bas à Brémont.

Que me disais-tu donc?

BRÉMONT, à Jean.

Tais-toi! Il lui faut toute sa tête et tout son cœur pour mentir.

MADAME D'ARGIS.

Eh! bien, mais tout cela est parfaitement sensé. (A Brémont.) Quelle histoire me contiez-vous donc? (A Charlotte.) Voyons, donne que j'achève... (Elle se lève et étend le bras pour prendre la lettre, mais chancelle, laisse tomber la lettre et est forcée de s'appuyer contre le fauteuil.) Ah! mon Dieu! mais je ne sens plus la terre sous mes pieds. (Pauline et Charlotte s'approchent vivement d'elle).

PAULINE.

Pauvre mère!

CHARLOTTE.

Docteur, voyez, elle perd connaissance!

JEAN, tendant un flacon qu'il a pris sur la table.

Ce flacon...

MADAME D'ARGIS, très-faible.

Aidez-moi à rentrer, Docteur! (A ses filles.) Restez avec M. Revel... cela ira mieux tout-à-l'heure... en vérité... je ne comprends rien à ces faiblesses subites!...

BRÉMONT, la reconduisant en la soutenant par le bras.

Un peu de fatigue, voilà tout! (Ils entrent dans le pavillon. Pauline les accompagne et tombe épuisée sur la chaise près du perron.

Charlotte se retourne, voit Jean qui lui adresse un geste de reconnaissance, puis elle va à sa sœur.)

CHARLOTTE.

Tu as compris, n'est-ce pas?

PAULINE.

Oui! Tout... que Dieu te récompense! va près de notre
mère ! (Charlotte entre dans le pavillon.)

SCÈNE XII

JEAN, PAULINE. *

JEAN, ramassant la lettre et s'approchant de Pauline.

Mademoiselle, il y a là un secret... je ne veux pas le con-
naître... jamais je ne vous interrogerai... je vous aime... je
crois en vous... voulez-vous être ma femme?...

PAULINE, émue.

Jean, aimez-moi... comme votre sœur... Vous ne devez
plus croire en moi... le secret qui est là sera connu demain...
Jean! il faut que M. de Brannes me donne son nom.

JEAN.

Lui ! Oh ! j'étais trop heureux ! Eh ! bien, Mademoiselle, je
vous sauverai ! (Avec énergie.) Vous serez la femme de M. de
Brannes ! (On entend un cri dans le pavillon.)

SCÈNE XIII

LES MÊMES, CHARLOTTE, puis BRÉMONT.

CHARLOTTE, descendant rapidement les marches du perron.

Ma sœur ! ma sœur !

PAULINE, allant à elle.

Notre mère !

CHARLOTTE, éplorée et tâchant de sourire.

Elle a tout ignoré... le chagrin n'a pas eu le temps de la
toucher... elle repose le sourire sur les lèvres... elle est heureuse ! (Eclatant.) Ah ! oui, elle est bien heureuse, bien heureuse, ma bonne chère mère ! (Elle cache sa tête dans le sein de
Pauline. Brémont parait sur les marches du perron; Jean s'élance vers
lui.) **

BRÉMONT, serrant la main de Jean.

Elle est morte !

* Pauline, Jean.
** Brémont, Jean, Charlotte, Pauline.

FIN DU DEUXIÈME ACTE.

ACTE TROISIÈME

Chez M. de Brannes. — Salon très-élégant, trois portes au fond, donnant sur un second salon. — A gauche, la porte de l'appartement de Pauline. — A gauche, une table sur laquelle se trouvent des journaux, et trois chaises. Au 1er plan, à droite, une cheminée et un piano. — Candelabres allumés. — Fauteuils, chaises.

SCÈNE PREMIÈRE

DE BRANNES, UN DOMESTIQUE. *

(Au lever du rideau, de Brannes fume une cigarette adossé contre la cheminée, un domestique entre du fond, une petite boîte à la main.)

DE BRANNES.

Ah ! c'est toi, eh bien ?

LE DOMESTIQUE.

M. de Châteauneuf revenait des courses. Il offre tous ses compliments à M. le Vicomte.

DE BRANNES.

Il viendra ?

LE DOMESTIQUE.

Oui, monsieur.

DE BRANNES.

Et les autres ?

LE DOMESTIQUE.

Messieurs de Méran, d'Avrepont et de Cardonne étaient sortis.

DE BRANNES.

Et de Presles ?

LE DOMESTIQUE.

J'ai trouvé tous ces messieurs réunis chez M. de Presles.

DE BRANNES.

Ah !... qu'ont-ils dit ?

* Le domestique, de Brannes.

LE DOMESTIQUE.

Qu'ils viendraient ce soir chez M. le Vicomte.

DE BRANNES, à part.

Même le comte de Cardonne! (Haut.) C'est bien.

LE DOMESTIQUE.

Voici une petite boîte que le graveur du passage a apporté.
(Il la pose sur la table.)

DE BRANNES.

Fais atteler... je n'y suis pas. (Le domestique sort.) Ces messieurs me tenaient rigueur depuis le dernier Chantilly...
les voilà qui reviennent... Je prends pied tout doucement. (Il
ouvre la boîte et examine un cachet qu'elle contient.) On jurerait
que cela vient des croisades. (Il pose le cachet sur la table.) Nos
actions remontent décidément.

MOZELER, au domestique qui veut lui barrer le passage à la porte du fond.

Je vous dis que je veux parler tout de suite à M. de Brannes.

DE BRANNES, allant à lui.

Mozeler... laissez entrer, la consigne n'est pas pour monsieur Mozeler. (Le domestique se retire. Mozeler salue de Brannes.)

SCÈNE II

DE BRANNES, MOZELER. *

MOZELER.

Bon Dieu! mais c'est pis qu'une forteresse allemande...
Vous avez donc bien des autres créanciers?

DE BRANNES.

Vous arrivez de Bruxelles?

MOZELER.

En train poste... Il courait des petits bruits là bas...
qu'un jeune monsieur... un vicomte... c'est-à-dire.. enfin,
vous comprenez... il a eu des désagréments au cercle. (De
Brannes hausse les épaules.) Je suis bien content que ce n'est
pas vous.

DE BRANNES, avec impatience.

Vous avez vu le marquis d'Hervilly, M. Mozeler?

MOZELER.

Vu et revu, vraiment, un bien brave homme, mais si bas!...
si bas!...

DE BRANNES.

Vous lui avez dit...

---

* De Brannes, Mozeler.

MOZELER.

Absolument tout.

DE BRANNES.

Et il a répondu ?

MOZELER.

Bien des bonnes choses pour nous.

DE BRANNES.

Voyons parlez vite. (Il va s'asseoir à gauche de la table et désigne une chaise à Mozeler qui s'y installe et pose son chapeau à terre.)

MOZELER.

D'abord il a juré comme un diable quand je lui ai parlé de M. le vicomte de Brannes. Il disait comme ça. Un vicomte pour rire ! Un vicomte... Par la corbleu ! si je me relève je ferai le voyage de Paris tout exprès pour lui brûler la cervelle. Mais il est bien cloué... il y a pas de danger... moi qui n'ai pas ma langue dans ma poche ; j'ai dit des petites choses sentimentales... Il a pleuré, ça l'a détendu un peu, et j'ai profité de cette rosée, pour lui apprendre, tout doucement, que depuis la mort de la bonne madame d'Argis, vous n'aviez pas voulu laisser toute seule cette pauvre mademoiselle Pauline... que vous l'aviez prise chez vous.

DE BRANNES.

Ce qui l'a décidé...

MOZELER.

A me faire mettre à la porte... Mais je suis revenu le lendemain... je reviens toujours... et je lui ai dit : M. le marquis, M. de Brannes est un honnête jeune homme, qui épousera bien certainement mademoiselle Pauline, dès qu'il aura un peu relevé sa fortune ; vous n'aurez pas la cruauté de déshériter ces pauvres enfants ; c'est une question d'honneur ; il faut faire ce mariage le plutôt possible. J'ai pleuré !

DE BRANNES.

En vérité ?

MOZELER, naïvement.

Je ne vous demande rien pour ça !

DE BRANNES, souriant.

Maître Mozeler, vous étiez né pour être avocat.

MOZELER.

J'aurais pu !...

DE BRANNES.

Vous avez gagnez votre cause ?

MOZELER, radieux.

Et mes cinquante mille francs ! vraiment, oui... Seulement, bien entendu, nous ne toucherons la dot qu'après le mariage. — C'est la condition expresse et irrévocable. L'héritage ne se fera pas attendre... Il est si bas !.. si bas !..

DE BRANNES, se lève et passe à droite.

Allons! Il est dit que je ne me couperai pas la gorge avec
M. Jean Revel!

MOZELER, se lève effrayé et allant à de Brannes.

Un duel! par exemple!.. quand je devrais...

DE BRANNES.

Vous battre à ma place?

MOZELER, solennel.

Monsieur de Brannes c'est possible que vous ne tenez pas
à votre peau, mais pour moi, elle vaut juste un sac de
soixante mille francs.

DE BRANNES.

Cinquante!

MOZELER.

Et mes frais de voyage?

DE BRANNES.

Diable! vous voyagez en prince... mais je ne marchanderai
pas avec vous. Comptant sur votre habileté diplomatique, et
aussi pour gagner du temps, j'avais dit à M. Jean Revel qui s'est
posé en champion de mademoiselle d'Argis, que nous étions
mariés secrètement, et que, bientôt, ce mariage serait connu
de tous.

MOZELER, riant.

Et il s'est contenté de cette affirmation, le brave garçon?

DE BRANNES.

En me fixant terme et délai pour présenter ma femme à
mes amis; c'est ce soir que je m'étais engagé à lui donner
cette satisfaction, ou à accepter une rencontre pour demain.

MOZELER.

Je vous demande de quoi il se mêle!

DE BRANNES.

J'espère qu'il se tiendra pour satisfait, cette fois.

MOZELER.

Tout est bien qui finit bien.

DE BRANNES.

Dans huit jours, madame de Brannes sera au chevet de
son excellent oncle.

MOZELER.

Et dans un mois...

DE BRANNES, à part.

Je te ferai jeter à la porte. (Haut.) J'entends Pauline. (Il va
prendre sur la cheminée ses gants et son chapeau.)

MOZELER, continuant à part.

Et dans un mois... comme nous n'aurons plus besoin de ce
bon M. Mozeler... mais patience... patience...

SCÈNE III

LES MÊMES, PAULINE.

DE BRANNES, à Mozeler.

J'ai demandé ma voiture, je vous mettrai chez vous en passant.

PAULINE, paraissant à gauche et allant à de Brannes. *

Vous sortez, mon ami ?

DE BRANNES.

Oui... faites un peu plus de toilette pour ce soir.

PAULINE.

Ce soir ?

DE BRANNES.

Je reçois quelques amis, et je compte que vous voudrez bien leur faire les honneurs de la maison... N'êtes-vous pas ici chez vous ?

PAULINE, à mi-voix.

Mais vous ne songez pas...

DE BRANNES.

C'est une simple réunion de camarades.

MOZELER, saluant Pauline.

Foui ! foui !.. sans façon !.. à la bonne franquette !

DE BRANNES.

Nous aurons de Presles, M. de Cardonne... notre ami Jean Revel...

PAULINE, étonnée.

M. Jean Revel...

DE BRANNES, souriant.

C'est un revenant.

MOZELER.

M. de Chateauneuf... viendra aussi je pense.

PAULINE, vivement à de Brannes.

Vous avez invité M. de Chateauneuf?

DE BRANNES.

Mais oui...

PAULINE.

Vous avez donc oublié...

DE BRANNES.

Chateauneuf est un grand enfant gâté... il fera sa paix.

PAULINE, offensée.

Monsieur...

DE BRANNES.

C'est convenu... vous avez trop de cœur pour me brouiller

* Mozeler, Pauline, de Brannes.

avec mes amis... trop d'esprit pour vous effaroucher des allures parfois un peu familières... du monde... dans lequel nous vivons... d'ailleurs, vous m'approuverez bientôt, ma chère Pauline, quand vous saurez le but de cette réunion (Il lui baise la main.) **A** bientôt. — Venez, Mozeler.

MOZELER, s'inclinant.

Mademoiselle! J'ai bien l'honneur de vous présenter mes hommages. (Ils sortent.)

SCÈNE IV

PAULINE, puis CHARLOTTE.

PAULINE, allant s'asseoir à gauche avec désespoir et se voilant le visage de ses mains.

Ah ! le châtiment est trop cruel, mon Dieu !

CHARLOTTE, en toilette de deuil entre par la porte de gauche, descend près de sa sœur et lui baise les mains.

C'est moi !

PAULINE.

Toi, ici !

CHARLOTTE.

Et j'arrive bien puisque tu pleures.

PAULINE, se jetant dans ses bras.

Ah! tu m'aimes donc encore !

CHARLOTTE.

Je t'aimerai toujours, ma sœur.

PAULINE, changeant brusquement de ton.

C'est que tu ne sais pas!.. Oh! non! non! je ne suis plus ta sœur! tout ce qui nous entoure est une souillure pour ton innocence! pardonne-moi d'avoir posé mes lèvres sur ton front, j'ai perdu jusqu'au droit de t'embrasser, va-t-en, va-t-en, je t'en supplie; je ne veux pas qu'un de ces hommes te rencontre, et qu'il sache qui tu es.

CHARLOTTE.

Oui, je pars, mais pas seule.

PAULINE, avec découragement.

La chaîne est rivée maintenant !

CHARLOTTE.

Pauline, tu n'aimes pas ta fille ?

PAULINE, sombre.

C'est vrai !

CHARLOTTE.

Que dis-tu !

PAULINE, froidement.

Je dis : c'est vrai. (Éclatant.) Mauvaise mère. Je suis une

mauvaise mère, Jeanne, entends-tu, ma fille ! seul amour de mon cœur ! mon pauvre espoir ! ma joie ! ma vie ! — Voilà des mois que je marche dans la honte, et aveuglée par mes larmes, pour toi, Jeanne, pour te donner un nom !

CHARLOTTE.

Et elle n'a pas de nom.

PAULINE.

Et tu n'as pas de nom, ma fille... (Elle se lève, prend Charlotte par la main et descend au milieu de la scène.) Ecoute... et aie pitié de moi... Va ! j'ai bien fait ce que j'ai pu... et je ferai encore ce que je pourrai... tant que je vivrai... la mauvaise mère est prête à tout... pour épargner à la pauvre innocente le supplice... l'angoisse... l'agonie de chaque jour,... Ah ! j'ai bien souffert, Charlotte... et sais maintenant le prix de l'honneur. (Elle passe à droite.)

CHARLOTTE.

Et Jeanne n'a pas de nom !

PAULINE.

Tu es impitoyable !... elle aura un nom. Ce n'est pas en vain que j'aurai brisé mon orgueil, que je serai devenue l'esclave, le jouet d'un homme !... que j'aurai chaque jour descendu un à un tous les échelons de cette vie misérable ! elle aura un nom, quand je devrais le lui acheter au prix de tout mon sang !

CHARLOTTE.

Tu regretteras plus tard d'avoir réussi.

PAULINE.

Tais-toi !... tu sais maintenant pourquoi je reste... une dernière fois, adieu ! je t'ai fait assez de mal comme cela, pauvre enfant ; ne risque pas davantage. Tu avais le droit de me mépriser, de me renier ; ton devoir est aujourd'hui de me fuir.

CHARLOTTE.

Crois-tu donc que nous serons assez lâches pour te laisser dans cet enfer ?

PAULINE, étonnée.

Nous ?... de qui donc veux-tu parler ?

CHARLOTTE.

De tous ceux qui t'aiment !

PAULINE, vivement.

Monsieur Jean Revel !

CHARLOTTE, sérieuse.

Je parle du docteur Brémont... Jean n'est plus revenu au Plessis depuis un mois.

PAULINE.

Pauvre Jeannette ! lui qui la chérissait tant... ah ! voilà

déjà qu'elle souffre par moi!... ainsi tu vis à la ferme, maintenant?...

CHARLOTTE.

Depuis deux mois la petite m'appelle sa mère... je n'aurais pas eu de quoi l'élever à Paris, nous ne sommes pas riches.

PAULINE, à part en la regardant.

Ah! c'est vrai! elle est pauvre!... et moi... ah! (Elle cache sa figure dans ses mains.)

CHARLOTTE, suppliante.

Pauline!... si je ne te ramène pas, ils croiront que je n'ai pas su trouver des supplications assez tendres, des larmes assez éloquentes... Pauline, c'est à genoux que je te demande d'avoir pitié de toi. (Brémont entre et écoute.) Sois mère avec ton cœur et non avec ton orgueil.

PAULINE,

Ah! ne me tente pas! ne me tente pas! si tu savais ce que je souffre ici.

CHARLOTTE.

Je te sauve! viens!

SCÈNE V

LES MÊMES BRÉMONT.*

BRÉMONT, à Charlotte.

Il faut que votre sœur reste encore aujourd'hui dans cette maison. (A Pauline.) Monsieur de Brannes descend de voiture, je le précède de quelques secondes, rentrez dans votre appartement, Pauline! qu'il ne puisse supposer que je vous ai rencontrée.

PAULINE, troublée**

Que venez-vous donc lui dire?

BRÉMONT.

Je viens tout simplement lui porter un renseignement.

PAULINE, défiante.

Surtout ne lui demandez rien pour moi!

BRÉMONT.

Oh! je m'en garderais bien!... (Il s'approche de Charlotte et lui dit à voix basse.) Retournez au Plessis, l'enfant est un peu souffrante.

CHARLOTTE, émue.

Mon Dieu!

BRÉMONT.

Rien d'inquiétant pour l'instant, pas un mot à Pauline.

* Charlotte, Brémont, Pauline.
** Pauline, Brémont, Charlotte.

PAULINE, à Brémont.

J'irai l'embrasser demain.

BRÉMONT.

Oui, venez !

PAULINE.

Rien pour moi... souvenez-vous! Viens Charlotte. (Elles entrent dans la chambre de gauche.)

SCÈNE VI

BRÉMONT, DE BRANNES.

DE BRANNES, entre du fond, un journal à la main et s'arrête, à la vue de Brémont.

Ah! (Railleur) Est-ce que mademoiselle d'Argis est malade, que j'ai l'honneur de vous rencontrer chez-moi, docteur Brémont ?

BRÉMONT.

Monsieur ce n'est pas en qualité de médecin que je viens vous faire une visite.

DE BRANNES.

Alors je ne comprends pas. (Il lui tourne le dos et reprend la lecture de son journal.)

BRÉMONT, qui l'a observé s'assied à gauche.

Le hasard nous réserve parfois d'étranges surprises !... voilà que j'ai trois enfants à présent, une fille adoptive, vous savez, et deux pupilles.

DE BRANNES, s'asseyant à droite.

Et cela vous paraît beaucoup ?

BRÉMONT.

Non, j'aime les enfants, et comme il est toujours pénible d'affliger ceux qu'on aime, je n'ai pas encore osé apprendre à mes chères pupilles, Pauline et Charlotte d'Argis, l'événement...

DE BRANNES, se levant vivement.

Monsieur d'Hervilly est mort?

BRÉMONT.

Le marquis d'Hervilly est mort à Bruxelles, hier au soir.

DE BRANNES, à part.

Uniques héritières !

BRÉMONT.

C'était le dernier parent de mesdemoiselles d'Argis.

* Brémont, de Brannes.

DE BRANNES.

Je comprends que vous ayez hésité à leur annoncer une nouvelle...

BRÉMONT, l'interrompant.

D'autant plus douloureuse, que ce pauvre marquis, imbu de préjugés... honorables au fond... mais... surannés... n'a pas eu la bonne pensée de revenir sur une décision prise dans un moment d'emportement!...

DE BRANNES.

Il aurait déshérité ses nièces !

BRÉMONT.

Impitoyablement !

DE BRANNES, s'efforçant de sourire.

Et a qui a-t-il légué ses millions ?

BRÉMONT.

A un vieux camarade qu'il ne voyait guère qu'une fois ou deux l'an. — Le testament est parfaitemet en règle, du reste.

DE BRANNES.

C'est tout ce que vous aviez à apprendre à votre pupille ?

BRÉMONT.

En ce moment... (Il se lève.)

DE BRANNES.

Je me chargerai de la commission pour vous éviter la peine de revenir.

BRÉMONT.

Puisque vous êtes si obligeant, cher M. de Brannes, je vous demanderai, toujours à titre de tuteur, un petit renseignement.

DE BRANNES.

Parlez !

BRÉMONT.

Comptez-vous bientôt épouser mademoiselle d'Argis ?

DE BRANNES.

Est-ce qu'il a été question de ce mariage ?

BRÉMONT.

Je le crois.

DE BRANNES.

Pour moi, c'est la première nouvelle.

BRÉMONT.

Permettez-moi d'insister ; vous parlez sérieusement?

DE BRANNES, railleur.

Je ne me permettrais pas de plaisanter avec un homme tel que vous, M. Brémont.

BRÉMONT.

Alors, ce mariage ne se fera pas ?

DE BRANNES.
Ni bientôt, ni plus tard.
BRÉMONT, doucement.
A moins que des circonstances...
DE BRANNES, l'interrompant.
Inattendues...
BRÉMONT, de même.
C'est le mot que j'allais prononcer...
DE BRANNES, souriant.
Car il ne faut jamais dire : fontaine...
BRÉMONT, l'interrompant.
Je crois, M. de Brannes, que nous allons nous entendre.
DE BRANNES.
J'en serais enchanté M. Brémont. Donnez-vous donc la peine de vous asseoir. (Brémont reprend sa place ; de Brannes avance sa chaise et s'assied aussi.) Vous comprenez je vous ai parlé comme à un franc ennemi...
BRÉMONT, s'inclinant.
Vous me faites, en vérité, trop d'honneur.
DE BRANNES, continuant.
Mais, au fond, mes sentiments pour mademoiselle d'Argis...
BRÉMONT, l'interrompant.
Ah ! permettez... l'entretien ne doit pas s'égarer de ce côté... il ne s'agit absolument pas de vos sentiments à l'égard de mademoiselle d'Argis.
DE BRANNES, étonné.
Comment cela ?
BRÉMONT.
C'est bien simple... Figurez-vous, pour un instant, avoir affaire à maître Fortin-Godet, notaire à Pontoise, et dépositaire du testament de M. le marquis d'Hervilly.
DE BRANNES.
Je consens à faire cet effort d'imagination.
BRÉMONT.
Mille grâces... Maître Fortin-Godet vous dit M. de Brannes... moi, vous concevez, je ne vous le dirais pas... M. de Brannes, vous êtes ruiné à plate couture.
DE BRANNES.
Hélas ! plus ruiné encore que cela si c'est possible.
BRÉMONT.
Tellement que, pour garder quelqu'apparence, vous en êtes réduit à des expédients... qu'il est difficile de qualifier en restant dans les bornes de la politesse.
DE BRANNES, péremptoirement.
Maître Godet, assez là-dessus !

BRÉMONT.

Soit! Maître Godet allait ajouter un détail ou deux, mais il
n'y tient pas, et il continue : M. de Brannes, mon client, le
docteur Brémont, légataire universel du marquis.

DE BRANNES.

Ah! bravo! un beau coup de dés, monsieur.

BRÉMONT, continuant.

Mon client, dis-je... a besoin de votre nom pour une affaire
de famille... (Il prend le cachet sur la table et l'examine.)

DE BRANNES.

Et comme certains noms se paient très-cher... vous vous
connaissez en gravure? (Il montre le cachet.)

BRÉMONT.

Mon client achète le vôtre cent mille francs. (Il dépose le cachet.) Je me connais surtout en armoiries...

DE BRANNES, s'inclinant en souriant.

Nous disons donc cent mille francs.

BRÉMONT.

Comptant... plus une pension viagère.

DE BRANNES.

De mille louis...

BRÉMONT.

Exactement !... de mille louis, payable à vous seul et men-
suellement à Monterey, Californie.

DE BRANNES, se lève.

C'est un peu loin.

BRÉMONT.

Pays splendide !

DE BRANNES.

Et quand on aura percé l'isthme de Panama, cela nous rap-
prochera de huit cents lieues ! maître Godet puisqu'il s'agit
d'un mariage, quand j'aurai consulté ma femme !...

BRÉMONT, l'interrompant.

Inutile! Madame ne part pas!

DE BRANNES.

Oh! oh! je voyage seul ?

BRÉMONT.

C'est la base du traité... une heure après que mademoiselle d'Argis se nommera bel et bien madame de Brannes,
vous vous rendez au chemin de fer du Havre qui vous met à
bord du vapeur, lequel vous débarque à San-Francisco, ca-
pitale de votre nouvelle patrie.

DE BRANNES.

Et bonsoir les voisins ! (Brémont s'incline et prend un journal
sur la table.) J'ai lu beaucoup de livres sur la Californie... Ils
étaient tous fort ennuyeux. Je refuse.

BRÉMONT, lisant le journal.

C'est votre dernier mot ?

DE BRANNES.

Parfaitement. (Il remonte et voyant Brémont continuer sa lecture, il descend à lui.) Je suppose que nous avons fini.

BRÉMONT.

Pardon... c'est curieux, cette aventure du prétendu vicomte de Maurienne... exécuté... à son cercle?... vous appelez cela une exécution... le mot est énergique... et juste. (Il pose le journal sur la table, se lève et va à de Brannes.) Monsieur de Brannes, je vous donne ma parole d'honneur que d'ici à huit jours, vous serez marié, pensionné... et embarqué. (Ils se regardent bien en face.) Vous ne riez plus, monsieur...

DE BRANNES.

Je fais mieux, j'accepte la gageure!... avons-nous encore quelque chose à nous dire?

BRÉMONT.

Pour ce qui me regarde, j'aurai tout dit, quand je vous aurai engagé à laisser notre ami Jean Revel dans la croyance que vous êtes marié... ce ne serait vraiment pas la peine de risquer un coup d'épée, pour un retard de vingt-quatre heures... je vous salue... (Ils échangent un salut très-poli en se regardant fixement et Bremont sort.

SCÈNE VII

DE BRANNES, puis DE PRESLES, CHERBISON, BILQUIN, MARION.

DE BRANNES, suit des yeux Brémont et dit à mi-voix.

Mon bon Monsieur, vous n'oubliez qu'une chose, c'est que Pauline m'aime.

CHERBISON, au dehors.

Il n'y a donc personne ici !

DE PRESLES, entrant suivi de Cherbison, Marion, et Bilquin en costume de soirée.

M. de Brannes, ne vous étonnez pas de me voir si tôt, ce sont ces messieurs qui m'amènent.

DE BRANNES.

L'atelier Jean-qui-Rit chez moi. *

CHERBISON.

Monsieur le Vicomte, ne craignez rien pour votre soirée, nous sommes aussi de gala ; mais pas chez vous, nous allons faire

* De Brannes, Marion, Cherbison, Bilquin, de Presles.

l'ornement du bal de monsieur Pervenchère ici près... Madame enseigne à ce rentier les belles manières de la société mêlée...

MARION.

Je le forme. Bonjour Vicomte. (Elle lui tend la main.)

DE BRANNES.

. Et vous, de Presles !

DE PRESLES.

Oh! moi je ne vais pas chez monsieur Pervenchère. Monsieur Bilquin m'a parlé des peintures de votre fumoir.

DE BRANNES, riant.

Un chef d'œuvre !

BILQUIN, modestement à de Presles.

Vous voyez, on n'aime pas dire de ces choses là soi-même ?

MARION, à de Brannes.

Il mijote une commande.

DE BRANNES.

Ah ! ça, Bilquin veut donc passer à l'état de capitaliste.

BILQUIN, avec âme.

Oh ! oui !

CHERBISON, tristement.

Il a cessé d'être vertueux.

BILQUIN.

Imposture !

MARION.

Silence ! Cherbison ; modulez s'il vous plaît pour ces messieurs, la célèbre complainte intitulee : Le cupide Bilquin, ou la décadence des arts.

CHERBISON.

Vous m'en priez ?

MARION.

Je vous l'ordonne.

CHERBISON, à de Brannes.

Cette chanson en prose va vous expliquer l'objet de notre visite. (A Bilquin.) Découvrez-vous et posez. (Bilquin ôte ses mains de ses poches.) Or, écoutez petits et grands !.. (A Bilquin.) Exprimez l'innocence ! (Bilquin obéit.) Plus foncé ! (Autre pose.) Isidore Bilquin était candide, malpropre et désintéressé comme la tradition représente les rapins du paradis terrestre. (A Bilquin.) Saluez ! et mirez vos yeux dans l'azur d'un ciel sans nuages ! (Bilquin regarde le plafond.) Voyez, messieurs et dames, quelque chose en lui, malgré ses fautes, parle encore vaguement des temps qui ont précédé le déluge... (A Bilquin.) Pouvez-vous figurer le déluge?.. (Bilquin fait un signe négatif.) Alors laissez voir franchement votre impuissance. (Geste de

Bilquin.) Et le regret profond qu'elle vous inspire. (Autre pose.) Regret qui va jusqu'à la colère. (Autre pose.) Colère qui va jusqu'à la fureur ! (Autre pose.) Et touche enfin à la frénésie. (Autre pose.) Il suffit, calmez-vous ! (A l'auditoire.) L'aspect d'un riche bourgeois, nommé Pervenchère, alluma dans son sein la première étincelle de la cupidité ! (A Bilquin.) Exprimez cette nuance — Très bien !.. Il consentit, pour une certaine somme d'argent, à peindre... (A Bilquin.) Mimez ! à peindre un grand tableau d'histoire représentant monsieur Pervenchère, rentier ; son épouse, chargée d'embonpoint et ses neuf enfants d'âges gradués, graduez les âges des jeunes Pervenchère. (Pose) et laissez échapper, malgré vous, un premier symptôme de repentir (Autre pose) pas trop marqué. (Autre pose) Bien ! (A l'auditoire.) Il groupa ladite famille en triangle, comme le fronton du Panthéon. (A Bilquin.) Le fronton, je vous prie... (Pose.) Et pour prix de sa faiblesse, ayant reçu de l'or. (A Bilquin.) Recevez ! (Bilquin palpe.) Il connut pour la première fois les diverses sensations de la Caisse d'épargne. (A Bilquin) détaillez primo : l'attendrissement ! (Pose) secundo : la fierté !.. (Autre pose.) Tertio : l'ivresse de la cupidité satisfaite. (Il danse.)

TOUS.

Bravo Bilquin !

CHERBISON, amèrement.

C'est lui qui a le succès ! (A Bilquin) fixe ! (Bilquin prend la position du soldat sans armes.) Dès lors, il marche à pas de géant dans la voie du crime. (Bilquin fait une longue enjambée.) Halte ! Tantôt il prête son pinceau à Laïs. (Saluant Marion.) Une Marion de l'histoire ancienne. Tantôt il les vend à Mercure... Feignez de chercher une issue pour fuir (Bilquin obéit.) Hier, pour obtenir un vil salaire, il a brossé des nymphes à faire frémir dans le fumoir de monsieur de Brannes, et aujourd'hui... Contemplez le gousset de monsieur de Presles avec sensualité...

BILQUIN, se révoltant.

Ah ! ça, dis donc !

CHERBISON.

Ça m'est utile pour l'effet de la fin !... contemplez... (Bilquin obéit.) A la bonne heure... aujourd'hui il veut entraîner ce jeune seigneur vers la chambre où sont les nymphes à faire frémir, dans le secret espoir... (A Bilquin.) Sachez dissimuler... (Bilquin obéit.) dans le secret espoir qu'on va lui flanquer une commande... Epanouissement final. (Bilquin tombe dans les bras de Cherbison.)

TOUS.

Bravo Bilquin !

BILQUIN, ému.

Messieurs.. ces témoignages...

MARION.

Honneur à Bilquin qui fait le décolleté comme un ange.

DE PRESLES, à de Brannes.

Peut-on voir ces nymphes...

CHERBISON, haussant les épaules.

Un plat de meringues...

DE BRANNES.

Je vais vous conduire... suivez-moi messieurs... (Il offre le bras à Marion.)

CHERBISON, à Bilquin.

Passez je vous prie, illustre confrère ! (De Brannes et Marion sortent.)

BILQUIN.

Après votre grâce.

CHERBISON.

Mais va donc ! (Il le pousse et sort après lui, de Presles va pour les suivre, entre Jean.

SCÈNE VIII

DE PRESLES, JEAN. *.

Jean !

JEAN, en costume de soirée.

Bonsoir de Presles.

DE PRESLES.

Ah! ça! Que diable devenez-vous? je suis allé plus de dix fois à votre atelier pour vous serrer la main.

JEAN.

Ah! voilà... c'est que maintenant, je travaille en plein champs, comme les moulins à vent; j'ai changé de genre, je ne fais plus de portraits.

DE PRESLES.

Tant pis.

JEAN.

Le paysage est bien plus amusant... on courre les bois, les plaines et les grèves... Venez-vous à Rome avec moi? je pars demain.

DE PRESLES.

Au mois de février?

JEAN.

En carnaval; nous passerons par Venise et nous irons au bal de la Fenice en Pulcinella. Vous verrez quel bon com-

____

* Jean, de Presles.

5

pagnon de route je ferai. J'ai mis tout exprès en réserve une provision de rire... (De Presles l'observe.) Tout un magasin de soleils d'artifice que nous tirerons... après boire.

DE PRESLES.

Êtes-vous bien sûr qu'il n'a pas plu sur vos soleils, Jean?

JEAN, allant s'asseoir.

Pourquoi me demandez vous cela ?

DE PRESLES.

Parce que peut-être l'envie me prendra de vous accompagner et moi aussi j'aime à rire... Tiens ! vous avez encore la marque du coup que vous reçûtes en prenant la défense de mademoiselle d'Argis. C'est un souvenir que vous conserverez toute votre vie.

JEAN.

Je le crois.

DE PRESLES, l'observant.

Bast ! peut-être que le soleil d'Italie bronzera si bien la cicatrice qu'on ne la verra plus. Le coup a été rude, et je suis certain que vous en souffrez encore.

JEAN.

Oui... il y a des jours.

DE PRESLES.

Aujourd'hui par exemple.

JEAN.

De Presles !

DE PRESLES.

Eh bien, c'est convenu, mon ami je partirai demain avec vous.

JEAN, lui serrant la main.

Ah ! merci ! merci !

DE PRESLES.

J'ai passé sous le même laminoir, et je comprends, voilà tout. (Il remonte.)

JEAN, se lève et se dirige vers le piano. *

Il y a eu une affaire à votre cercle. (Il s'assied au piano et frappe un accord.)

DE PRESLES, redescendant à lui.

Oui... il y en aura d'autres... on échenille... Brémont ne vous a rien dit.

JEAN.

Brémont ?... non...

DE PRESLES.

Ne restez pas ici, Jean, croyez-moi... on m'attend... à demain.

* De Presles, Jean.

JEAN.

A demain ! (De Presles sort.)

SCÈNE IX

JEAN, seul, au piano.

J'ai beau faire, tout le monde me devine... (Il joue un motif triste... Pauline paraît au fond et aperçoit Jean, qui ne la voit pas ; elle descend lentement près de lui... Jean joue quelques mesures... puis il s'arrête, se cache la tête entre les mains et étouffe un sanglot.)

SCÈNE X

PAULINE JEAN *.

PAULINE.

Vous ne jouez plus ?

JEAN, tressaille et se lève.

Madame de Brannes !

PAULINE.

Jean !

JEAN.

Suis-je le premier à vous appeler de ce nom ?

PAULINE, avec effort.

Oui... vous êtes le premier.

JEAN, souriant.

C'est donc vrai ? Comme le temps passe !

PAULINE.

Me trouvez-vous changée ?

JEAN.

Vous êtes plus pâle... plus belle... aussi... j'ai essayé de refaire votre portrait de mémoire, figurez-vous...

PAULINE.

C'est difficile...

JEAN.

Oui... et triste... J'ai laissé cela.

PAULINE.

Vous, monsieur Jean, vous êtes bien changé.

JEAN.

Trouvez-vous ? allez ! je suis toujours Jean-qui-Rit...pauvre tête...

* Pauline, Jean.

PAULINE, l'interrompant.

Grand cœur! (Elle lui tend la main.)

JEAN, lui serrant la main.

Quand j'ai reçu la lettre d'invitation de M. de Brannes j'ai compris... je me suis dit : Il a fait son devoir... sans cela, il n'aurait pas osé me rouvrir sa maison.

PAULINE.

Parlez-moi de Jeanne. (Elle s'assied à gauche.)

JEAN.

Jeanne... je ne vais plus jamais à la ferme du Plessis.

PAULINE.

On me l'avait dit.

JEAN, il s'assied près d'elle.

Je l'aimais trop... Un matin que je l'embrassais, j'ai senti que j'allais devenir fou... dites-moi... et ne soyez pas offensée de ma question... Êtes-vous heureuse?

PAULINE.

Jean !

JEAN.

Oh! pardon... pardon... c'est vrai! n'êtes-vous pas la femme de celui que vous aimez? c'est que, moi, j'ai beaucoup souffert!... oh! pas longtemps... j'ai pris le dessus... je voyage... je m'occupe... j'ai fait le carnaval cet hiver... c'était la première fois... comme on s'amuse dans ce Paris!

PAULINE.

Pauvre cœur blessé!... Et ne travaillez-vous plus?

JEAN.

Je me suis mis au piano, vous voyez.

PAULINE.

Une fantaisie, je pense?

JEAN.

J'ai essayé aussi de faire des vers... (Il rit.) J'ai réussi... à peu près...

PAULINE.

Mais la peinture?

JEAN, avec feu.

Vous avez raison... C'est là le vrai chant!... Le vrai poëme!... C'est sur la toile que je fixerai la pensée qui obsède mon cerveau... La fièvre qui me brûle le cœur... J'ai un tableau... un chef-d'œuvre... Je vous ai dit que je partais pour l'Italie, n'est-ce pas?

PAULINE.

Non!

JEAN.

Avec de Presles. Nous rirons bien tout le long de la route.

PAULINE.

Jean quel est le sujet de votre tableau?

JEAN, avec âme.

La toile est blanche... Il n'y a rien sur la palette... Tout est là. (Il se touche le cœur.) Je l'ai dit, c'est un chef-d'œuvre. (Avec une gaîté navrée.) Ah! que votre pauvre bonne mère avait bien raison, Pauline!... vous souvenez-vous? Elle ne put écouter ma demande jusqu'au bout... Les mères sont fées... Elle éclata de rire... mais pardon, nous parlions peinture, je crois... Mon tableau, c'est le bonheur... (Il rit.) Non pas, le bonheur des gens raisonnables... mais mon bonheur à moi... un bonheur de pauvre innocent... un bonheur à faire pitié... un coin quelque part, n'importe où... des arbres et de l'herbe... une montagne bleue au lointain de l'horizon... une petite maison toute seule, et toute souriante, pourtant!... Dans un rayon de soleil, parmi les feuillages étoilés de roses, quelqu'un... pas vous, puisque c'est impossible... et foulant les marguerites là bas dans la prairie, un petit ange... Hélas! ce ne peut pas être Jeannette... Ce n'est ni Pauline, ni Jeannette... et pourtant comment vous dire cela... c'est elle et c'est vous... vous pleurez, Pauline?

PAULINE.

Je pleure... mais je souris aussi... voyez! oh! Jean! comme vous aimerez!

JEAN, se lève.

Jamais je n'aimerai.

PAULINE.

Jean, voulez-vous faire ce que je vous demanderai... allez à la ferme du Plessis.

JEAN.

J'irai.

PAULINE, elle se lève.

Embrassez Jeanne pour la dernière fois.

JEAN, étonné.

Pour la dernière fois?

PAULINE, elle passe à droite.

C'est une bonne idée que vous avez de partir pour l'Italie.

JEAN.

Pourquoi me dites-vous cela?

PAULINE.

Pourquoi?... parce que vous ne pouvez plus être l'ami de M. de Brannes... et que je veux que vous partiez. (Prêtant l'oreille.) Dans un instant, nous ne serons plus seuls... (Musique à l'orchestre.) Donnez-moi votre main. J'ai eu tort de dire, je veux... je n'ai pas le droit d'ordonner, je prie... Partez, Jean,

mon ami, mon frère... nous resterons deux pour parler de
vous... je conserverai dans le cœur de Jeanne votre cher,
votre noble souvenir... Peut-être me demandera-t-elle souvent:
Mère, pourquoi pleures-tu? Je lui répondrai... (S'interrogeant
avec angoisse.) Ah! que lui répondrai-je? Elle va grandir, elle
va comprendre... Je ne pourrai même pas lui dire... je t'ai
sacrifié plus que ma vie... Il est parti... je reste, payant au
prix de mon bonheur le droit que tu auras de marcher tête
levée... Il est parti, je suis seule avec mon passé en deuil,
mon avenir sans espoir, rivée à cette chaîne de l'expiation
et n'ayant pas, ma fille, cette amère consolation de t'expliquer
mes larmes.

JEAN.

Pauline!

PAULINE.

Pour l'amour de Jeanne, je vous supplie de partir. Jean...
Et cette fois pour toujours... Oubliez-moi!

JEAN.

Non! non!... c'est impossible! je puis me briser le cœur,
si vous le voulez... et fuir... et mourir... mais vous oublier,
jamais!

PAULINE.

Jean!

JEAN.

Vous le voulez! adieu Pauline! (Il sort.)

SCÈNE X

PAULINE, DE BRANNES, DE PRESLES, CHERBISON, BIL-
QUIN, puis GONTRAN DE CARDONNE, et deux invités en toilette de soirée.

PAULINE, un instant seule.

Pour toujours! que Dieu le guérisse et le console. M. de
Brannes avait eu peur. M. de Brannes avait promis. Entre ces
deux hommes là, j'ai choisi M. de Brannes. (Elle s'assied à gauche.)

DE PRESLES, rentrant à Bilquin.

Superbe! absurde! renversant! je commande quelque chose
de plus fort! (Il salue Pauline.)*

DE BRANNES, entrant et allant à Pauline.

Jean est venu, vous l'avez vu?

PAULINE.

Monsieur Jean Revel est parti.

* Pauline, de Brannes, de Presles, Bilquin.

DE BRANNES.

Vous avez causé... de moi?

PAULINE, d'un ton glacé.

Nous ne sommes que deux, monsieur, à savoir ce qui s'est passé entre Jean, et vous.

DE PRESLES, à Bilquin.

C'est chose convenue, Monsieur Bilquin, je vous livre mes plafonds.

BILQUIN, à Cherbison qui entre.

Eh bien, qu'as-tu fait de Marion ?

CHERBISON.

Je l'ai mise en voiture... au moment où j'allais la suivre, M. de Presles m'a dit : Restez! le Docteur aura besoin de vous.

BILQUIN.

Le docteur !

CHERBISON, regardant Pauline.

Comme elle est changée !

BILQUIN.

Il y anguille sous roche. (Allant à de Presles et naïvement.) Si vous avez un faible pour les machines Véronèse, moi, ça m'est égal, je vous ferai du Véronèse, parbleu. (Deux domestiques préparent les tables de jeu.)

CHERBISON.

Tout fil et bon teint.

BILQUIN, avec sentiment.

Monsieur Cherbison, quoique vous ne possédiez pas les talents variés de Michel-Ange, vous êtes jaloux de moi.

CHERBISON.

Comme si tu étais le jeune Raphaël, vitrier ! (Il traverse la scène et va saluer Pauline.)

PAULINE.

Je suis heureuse de vous voir, monsieur Cherbison.

CHERBISON.

Madame...

PAULINE, qui a pris un album sur la table.

Notre ami Jean m'a souvent parlé de vous... (Elle lui indique un siége placé de l'autre côté de la table.) * Vous faites le paysage, je crois?

CHERBISON.

Oui, madame... et si vous me permettez de jeter un croquis sur votre album.

* Cherbison, Pauline, de Brannes et de Presles au fond. Bilquin, lisant un journal.

PAULINE.

J'allais vous en prier. (il se met à dessiner et Pauline regarde son dessin.)

LE DOMESTIQUE, annonçant.

Monsieur Gontran de Cardonne, (Il entre suivi de deux invités.)

DE BRANNES, aux nouveaux venus.

Messieurs, je regrettais de ne plus vous voir chez moi.

GONTRAN, froidement,

Nos amis ont jugé qu'il fallait venir.

DE PRESLES.

Il ne nous manque que Châteauneuf.

GONTRAN.

Je ne pense pas qu'il vienne.

DE BRANNES.

Eh bien, nous nous passerons de Châteauneuf, — jouons-nous, messieurs?

GONTRAN.

Plus tard ! nous avons le temps.

DE BRANNES.

Soit, causons (Gontran est debout, de Presles s'assied près de lui, de Brannes est assis près de la cheminée, les autres invités se placent derrière de Presles.)

BILQUIN, qui est resté près du piano.

Soyons Régence. Si l'on joue, j'ai dix francs ! (Il remonte près des tables de jeu.)

CHERBISON, à Pauline.

C'est un coin de la ferme du Plessis.

PAULINE.

Oui, c'est sous ces grands arbres qu'elle vient jouer.

GONTRAN, à de Brannes.

Avez-vous entendu parler de l'affaire de Maurienne, monsieur de Brannes?

DE BRANNES.

Oui, on m'en a dit quelques mots.

DE PRESLES.

Les journaux la racontent tout au long, nous échenillons au cercle, ferme! ferme!

DE BRANNES.

Qu'a-t-il fait?

DE PRESLES.

Avant ?

DE BRANNES.

Non, après !

DE PRESLES.

Ce qu'il faut faire en ces cas là, absolument. Il a quitté la France !

SCÈNE XII

LES MÊMES, BRÉMONT.

BRÉMONT, entrant vivement et allant à Pauline. *
Pauline, l'enfant est bien malade !

PAULINE.

Ma fille !

BRÉMONT.

Ne vous effrayez pas ! mais venez !

DE BRANNES, se lève ainsi que les autres.

Encore ici, monsieur, je vous ordonne de sortir de chez moi.

BRÉMONT.

Monsieur ! — (Pauline veut entraîner le docteur.)

DE BRANNES.

Madame, je vous défends de quitter ce salon.

PAULINE, avec énergie, et allant à lui. **
Vous me défendez, et ma fille se meurt... mais vous ne savez donc pas que ma fille était le seul lien entre nous et que vous le brisez. Pour elle j'ai franchi le seuil de cette maison... pour elle, j'y suis restée, étouffant ma fierté et dévorant mes larmes... je vous ai protégé pour elle, entendez-vous, monsieur, pour elle... je vous ai défendu... Et maintenant que je ne suis plus entre le châtiment et vous, prenez garde !

BRÉMONT.

Pauline !

PAULINE.

Ah ! c'est vrai, mon ami, ne pensons qu'à ma fille. (Elle sort vivement par la gauche. Bilquin et Cherbison se placent devant la porte.)

* Cherbison, Pauline, Bremont, Bilquin au fond, à droite Invités, Gontran, de Presles, de Brannes.
** Cherbison et Bilquin au 1er plan, Brémont, Pauline, de Brannes, — à droite Gontran, de Presles, Invités.

DE BRANNES. *

Je suis le maître, je suis chez moi!

DE PRESLES.

Restez, monsieur de Brannes !

DE BRANNES.

Elle est ma femme, messieurs ; je vous avais rassemblés ici pour accomplir une réparation, et vous présenter madame la vicomtesse Albert de Brannes.

BRÉMONT.

Et vos anciens amis étaient venus, monsieur, pour vous faire leurs adieux.

DE BRANNES.

Messieurs !

DE PRESLES.

Adieu, monsieur de Brannes, la France ne vaut plus rien pour vous.

DE BRANNES.

De Presles !

GONTRAN.

Il faut partir monsieur de Brannes.

TOUS.

Il faut partir !

DE BRANNES, exaspéré.

Ah ! c'en est trop... vous m'insultez, messieurs... tous lâchement ; à tous, je demande raison.

DE PRESLES.

Tous nous vous refusons !

GONTRAN.

Tous !

DE PRESLES.

Monsieur, nous sommes de ceux qui jouent volontiers leur argent, leur vie, et parfois leur bonheur... jamais leur honneur ! vous vous êtes glissé parmi nous ! nous vous avons pris pour l'un d'entre nous... C'est notre crime d'être confiants jusqu'à l'aveuglement. Cela nous donne le droit d'être sévères. Nous vous avons jugé et nous vous avons condamné. (Il remet son chapeau.) Adieu monsieur de Brannes, vous ne nous connaissez plus. Venez, messieurs. (Ils sortent. De Brannes tombe accablé à gauche sur un fauteuil, Brémont qui est resté au fond observe de Brannes.)

* Cherbison, Bilquin, Brémont, de Brannes, de Presles, Gontran, Invités.

SCÈNE XIII

BRÉMONT, DE BRANNES.

(Un temps.)

DE BRANNES, se lève et aperçoit Brémont.
Encore ici, monsieur, vous m'avez brisé, je vous écraserai.
BRÉMONT.
Je vais tâcher de sauver votre fille.

FIN DU TROISIÈME ACTE.

ACTE QUATRIÈME

Une salle commune à l'hôtel du *Chasseur Noir*, à Wiesbaden. — Trois portes ouvertes au fond donnant sur la terrasse, — tables à droite et à gauche, — à droite une grande armoire.

SCÈNE PREMIÈRE

CHERBISON, MADAME MINA, BILQUIN, GARÇONS, puis MOZELER.

MADAME MINA, entrant*.

Inscrivez le prince Diamantoff... sa Grâce le duc de Chichester... Lady Thornhope... monsieur Crépin, directeur du crédit artistique... et envoyez aux journaux... (A un garçon.) Le petit lait de l'hospodar, malheureux !... le bain de la cantatrice... (Fausse sortie.) Ah ! et si ce colporteur... vous savez, veut entrer... fermez toutes les portes... Wiesbade devient un paradis !

MOZELER, sur le seuil.., en costume plus pauvre, il porte une grande houppelande sous laquelle il cache différents objets **.

Un vrai paradis... Bien le bonjour... je viens voir...

MINA.

Le voilà justement... hors d'ici ! (Les garçons veulent faire sortir Mozeler.)

MOZELER, humblement à Mina.

Je vous ferai des petites remises... 25 pour cent...

MINA.

A la porte !

CHERBISON, le regardant.

Eh ! mais, je ne me trompe pas !...

BILQUIN.

Abraham !

* Bilquin, Cherbison, Mina.
** Bilquin, Cherbison, Mozeler, Mina.

MOZELER, repoussant les garçons.

Ah ! vraiment ! monsieur Cherbison... Bilquin !... Si loin de la rue Pigale !

CHERBISON.

Lâchez Abraham !

BILQUIN.

C'est une de nos créatures !

MOZELER, triomphant, à Mina.

Vous voyez qu'on a de belles connaissances ! (Mina et les garçons sortent. Aux rapins *.) Ah ! que je suis content !... que je suis bien content de retrouver des vrais amis ! (Il s'assied.) Nous allons bien causer... bien bavarder... comment se porte la bonne petite Marion ?

CHERBISON, solennel.

Madame Pervenchère.

BILQUIN, de même.

Rentière...

MOZELER.

Monsieur Jean-qui-Rit ?

BILQUIN.

Chut !

CHERBISON.

Silence !

MOZELER.

Ah ! vraiment... vraiment... Et ce bon monsieur le docteur Brémont ?

CHERBISON, tristement.

Marié !

MOZELER.

Et cette bonne mademoiselle Charlotte ?

BILQUIN, de même.

Mariée !

MOZELER.

Ensemble !

CHERBISON, avec un signe affirmatif.

Ils sont ici tous les trois...

MOZELER, étonné.

Tous les trois !... ah ! je comprends !... l'autre mademoiselle d'Argis... madame de Brannes... je suis bien content... Je leur vendrai des petites marchandises... je suis si bas... si bas... ce coquin de bon monsieur de Brannes m'a dépouillé... assassiné... j'ai été obligé de revenir dans le pays qui m'a donné le jour... j'y jouis de l'estime générale...

* Bilquin, Mozeler, Cherbison.

CHERBISON.

Nous avons vu cela, Abraham.

MOZELER.

Je suis bien content... Mais vous...

BILQUIN.

Nous mangeons, monsieur de Presles.

CHERBISON.

Passé au Véronèse par Bilquin; argent mal acquis ne profite jamais !

MOZELER.

Jamais! vous avez bien raison. (Se levant.) Et avez vous encore beaucoup à manger de ce bon monsieur de Presles?

CHERBISON.

Un quartier !

MOZELER.

Si vous vouliez m'en acheter de mes petites marchandises.. je suis si bas... si bas... une jolie petite pipe orientale... (Il tire brusquement une immense pipe de sa houppelande.) pour faire le pacha.

CHERBISON, la prenant.

Voilà un bel instrument... combien ?

MOZELER.

Presque rien !... un petit vidercome. (Il tire un gigantesque verre de sa poche.) Pur bohème.

BILQUIN, le prenant.

Mémorable !... combien ?...

MOZELER.

Une bagatelle... une casquette de la Burschenschaft. (Il tire une toute petite casquette.) Si vous vouliez peindre par hasard un renard d'or, ou une maison moussue !... (Il la met sur sa tête.) Bien commode!

CHERBISON.

Abraham ! elle vous va bien ! qu'est-ce que c'est qu'un renard d'or?

MOZELER.

C'est un étudiant qui a tué un bourgeois... en duel... ça leur fait du plaisir... pas aux bourgeois!...

CHERBISON.

Je conçois ça.

BILQUIN.

Et une maison moussue?

MOZELER.

C'est un étudiant qui peut boire trente six petites chopes sans éternuer... nous autres allemands, nous sommes si gais... si gais...

CHERBISON.

Combien la casquette?

MOZELER.

Moins que rien! j'ai encore bien des petites choses... (Il dégage deux longues épées à coquilles de fer de sa houppelande.) Deux petites épées!

CHERBISON, à Bilquin.

Qu'est-ce que c'est que ça?

MOZELER.

C'est Lischen et Roschen. Deux petits bijoux de l'Université...

CHERBISON.

Avec quoi les renards d'or démolissent les maisons moussues.... (Il prend une épée.) Comme c'est allemand.

MOZELER.

Lischen! (A Bilquin qui a pris l'autre épée.) Roschen!

BILQUIN.

Comme c'est tudesque!

MOZELER.

Couleur locale! (Avec volubilité.) J'ai aussi des petits livres bien croustillants... avec des petites gravures bien déshabillées... des couteaux à papier, des étuis, des éventails, des tabatières en pierre du Taunus.

CHERBISON.

Stop!... Abraham!... arrêtez ce déballage... les épées et la pipe... combien?

MOZELER.

Cinq pauvres petits louis.

CHERBISON.

Vieux filou va!

MOZELER.

Comment! des lames de la grande fabrique... de la Kutchenrenter.

CHERBISON.

Ça vaut quarante francs! paye Raphaël!

BILQUIN.

Michel-Ange! il suffit!

MOZELER, recevant.

Je gagne ma pauvre vie à la sueur de mon front... le matin, je vends aux voyageurs... à midi... je deviens croupier à la maison de jeu... qui me prête un habit... on m'a choisi parce que je parle bien joliment français...

CHERBISON.

Sans accent.

MOZELER.

L'accent de Paris... Je me sauve... Ah! ce scélerat de monsieur de Brannes!... j'aurais donné Lischen pour rien...

et Roschen aussi, à quelqu'un qui l'aurait embroché... Il m'a mis si bas... si bas... pas pour le santé... Ça va encore assez bien, mais le reste... A bientôt, mes bons messieurs.

CHERBISON.

A bientôt, Abraham!

MOZELER.

Si bas! si bas! (Il lève les yeux au ciel et sort.)

SCÈNE II

CHERBISON, BILQUIN*.

CHERBISON, une épée à la main.

Pauvre diable!... (Soupirant.) Comme tout parle de ce temps-là! (Regardant l'épée.) Lischen est jolie!

BILQUIN, regardant l'autre épée.

Roschen n'est pas mal! (Soupirant.) C'était le bon temps!

CHERBISON, examinant l'épée de plus près.

Tiens!... voilà l'adresse du fabricant... la Kutchenreuter... non ça n'est pas ça! Godard, rue Saint-Honoré...

BILQUIN, de même.

A Paris!

CHERBISON.

C'est Abraham qui est joli! (Il jette l'épée sur la table.) serre tout cela.

BILQUIN.

Bon! la pipe est fendue! (Il ouvre l'armoire et y met les épées et la pipe.) Abraham, tu méritais d'être heureux!

CHERBISON.

Bilquin! (Il se rassied.) Voilà un an que nous n'avons ri!

BILQUIN, revenant.

Un an juste!... Depuis le départ de Jean! (Il s'assied.)

CHERBISON.

Et le mariage de Pauline... t'amuses-tu ici?

BILQUIN.

Non... mais elles y sont... veux-tu boire?

CHERBISON.

Non... (Il soupire.) Vas-tu peindre?

BILQUIN.

Non... c'était Jean qui était mon talent... Viens-tu jouer?

CHERBISON, avec découragement.

Non... c'était Jean qui était notre bonheur!

* Cherbison, Bilquin.

BILQUIN, laissant tomber sa tête dans ses mains.
Alors, dormons !...

CHERBISON, de même.
Tiens !... si je savais pleurer, je pleurerais ! (Entrent Mina, Pauline et Charlotte.)

MINA, à la porte.
Entrez, mesdames, il fait frais ici... l'air est excellent... La vue superbe...

SCÈNE III

LES MÊMES, PAULINE, CHARLOTTE, en costume de promenade.

(A leur entrée Cherbison et Bilquin se lèvent.)

CHARLOTTE, allant à eux [*].
Voici justement ces messieurs... mon mari est resté au jardin du Kursaal avec notre petite Jeanne dont il est toujours la bonne... il nous a chargées de vous trouver et de vous inviter à partager notre dîner sans façon !

CHERBISON, souriant tristement.
Nous n'apporterons plus de gaîté chez vous, madame !

PAULINE, à Bilquin.
Y a-t-il longtemps que vous n'avez eu de ses nouvelles ?

BILQUIN.
Bien longtemps !

CHERBISON, à Charlotte.
Vous permettez qu'on fasse un bout de toilette ?

CHARLOTTE.
J'ai dit sans façons... nous ne serons que nous.

CHERBISON, avec dignité.
L'artiste français peut négliger la cravate blanche... mais il ne se présenterait pas chez des dames sans avoir au moins son pantalon Ecossais... (Il salue.)

CHARLOTTE, riant.
A votre aise !

BILQUIN, saluant.
Avec guêtres pareilles ! (Ils sortent.)

[*] Cherbison, Bilquin, Pauline, Charlotte.

SCÈNE IV

PAULINE, CHARLOTTE*.

CHARLOTTE, les regardant sortir.

Ils étaient si fous autrefois!

PAULINE, rêveuse.

Et lui, quel bon et franc sourire! ce fut par monsieur de Brannes que je le connus.

CHARLOTTE.

Tu penses toujours à monsieur de Brannes?...

PAULINE, s'asseyant.

Oh! toujours!... je les vois tous deux dans cet atelier où j'ai tant souffert, un jour... lui tout rayonnant de bonheur, et monsieur de Brannes courbant le front comme un coupable... Te souviens-tu qu'on se moquait de toi en t'appelant madame Jean-qui-Rit.

CHARLOTTE.

J'ai épousé le meilleur et le plus noble des hommes; il n'y a pas en moi une pensée qui ne soit pour mon mari... Mais nous causons à cœur ouvert, n'est-ce pas, petite sœur? Si celui dont nous parlons toujours sans le nommer jamais, m'avait aimée comme il t'aimait, je serais madame Jean-qui-Rit, à présent.

PAULINE, avec une tendresse profonde.

Tu es la femme de Brémont, et c'est pour ton mari autant que pour toi que je te remercie du fond de mon cœur! (Elle l'embrasse.) As-tu fait le compte de tout ce que je lui dois? Depuis le jour où j'arrivai mourante dans sa maison de Courcelette... C'est par lui que Jeanne existe, Jeanne, mon pauvre cher bonheur! il lui a donné un nom! le nom de cet homme qui ne la connaît pas, qui ne l'a jamais embrassée!

CHARLOTTE.

Et c'est à monsieur de Brannes que tu penses quand tu es triste?

PAULINE.

Notre mère est morte en souriant, souviens-toi! grâce à lui, Charlotte tu as éteint ma dette en lui donnant ce cœur qui n'a pas son pareil au monde!

CHARLOTTE.

Il n'a qu'un chagrin que je ne peux consoler... Jean, notre pauvre Jean!

* Pauline, Charlotte.

PAULINE.

Jean! voilà trois mois qu'il n'a écrit! où est-il? que fait-il?
sa dernière lettre qui essayait de sourire encore nous a tous
fait pleurer... il va... il vient par le monde, cherchant son
talent qui n'est plus, et ses belles ambitions qui sont mortes...
A quoi je pense quand je suis triste, ma sœur? à son rire
éclatant d'autrefois... à sa muette torture d'aujourd'hui... je
le vois, je le vois sans cesse; je le vois en vous qui m'entourez
et qui m'aimez; ma petite Jeanne l'appelle son père, cela me
navre, et je ne voudrais pas qu'il en fût autrement.

CHARLOTTE.

Tu l'aimes donc?

PAULINE.

Ma sœur, ne m'interroge jamais au sujet de monsieur de
Brannes. (Elle lui tend la main.) C'est la dernière fois que je te
parlerai de Jean Revel. (Brémont entre à reculons par le fond à droite.)

SCÈNE V

LES MÊMES, BRÉMONT.

BRÉMONT, à la cantonnade.

Oui, oui, mademoiselle Jeanne!... tu veux.... c'est tout
simple... il n'y a que les rois pour dire : nous voulons... toi,
tu es un tyran! (Les deux sœurs le regardent avec attendrissement.)
Voyons! jouons et soyons sage!

CHARLOTTE.

Que veut-elle?

BRÉMONT.

Tiens, vous êtes là? elle veut sa mère, parbleu!

PAULINE, faisant un pas pour sortir.

Chère enfant!

BRÉMONT,

Voilà! on me la gâte! (Il entre après avoir envoyé un baiser au
dehors, Pauline se dirige vers la porte, Charlotte va la suivre. Brémont
l'arrête du geste.)

PAULINE, riant.

Bon ami, vous êtes sévère, vous; à la bonne heure!

BRÉMONT, criant.

Voilà maman, mademoiselle Jeanne! (Il serre la main de Pauline qui passe devant lui pour sortir.

SCÈNE VI

BRÉMONT, CHARLOTTE.*

BRÉMONT.

On a parlé d'autrefois! ah! nous aurons beau faire, elle n'oublie pas!... Elle a pleuré!... mais il ne s'agit pas de cela... nous partons ce soir!

CHARLOTTE.

Ce soir? et pour où?

BRÉMONT, avec colère et chagrin.

Je n'en sais rien... y a-t-il un pays situé à cent pieds sous terre?

CHARLOTTE, inquiète.

Je ne te comprends pas?

BRÉMONT.

J'ai peur! peur de la loi. Sur le premier moment, monsieur de Brannes a pu s'effrayer de mes menaces, reculer devant la réprobation des hommes d'honneur et courber la tête; mais la réflexion a dû venir, le monde oublie vite... monsieur de Brannes est bel et bien le mari de Pauline et il a le droit de nous la reprendre. (On entend la voix de Jean.)

CHARLOTTE.

Écoute.

JEAN, au dehors.

Vous avez le docteur Brémont, ici?...

CHARLOTTE, émue.

On dirait... je ne me trompe pas...

BRÉMONT.

Jean! (Ils s'élancent vers la porte.)

SCÈNE VII

LES MÊMES, JEAN, en costume de voyage, un album sous le bras.**

JEAN, très-gai et ouvrant les bras.

Résurrection!... bonjour, mes amis! (Il embrasse Brémont, Charlotte.) Mon bon docteur! Chère petite sœur! vous n'en revenez pas, hein?... je conçois ça... moi-même j'ai peine à y croire!... Et voilà le miracle! depuis trois jours, je vois autre chose que du gris et du noir... je suis peintre encore

* Charlotte, Brémont,
** Charlotte, Jean, Brémont.

une fois par la grâce du bon Dieu!... En trois jours, deux
douzaines de croquis!... des amours!... où est-elle?

CHARLOTTE.

Jeanne ?...

JEAN.

Méchante! où sont-elles, alors ?

BRÉMONT.

Nous diras-tu?...

JEAN.

D'un mot! Albert de Brannes !

BRÉMONT, l'interrompant.

Tu l'as rencontré?

JEAN, plus grave.

En ce monde, désormais personne ne le rencontrera.

BRÉMONT.

Que dis-tu ?

JEAN.

J'ai été l'ami de monsieur de Brannes... et je ne pensais
pas me réjouir de sa mort .. Cet homme était de trop sur la
terre... c'est Dieu qui l'a frappé.

BRÉMONT, gravement.

Comment est-il mort?

JEAN.

Violemment, d'une balle de revolver... à la suite d'une
querelle de jeu aux mines.

CHARLOTTE.

Et d'où vous vient la nouvelle?

JEAN.

D'un témoin oculaire, arrivant de Californie.

BRÉMONT.

Pauline est libre! Jeanne aura un vrai père !... (Il serre les
mains de Jean.) As-tu jamais eu peur de la loi, toi? Eh! bien,
c'est une rude affaire! Figure-toi que les journaux annon-
çaient son retour... que Dieu ait son âme ! le pauvre garçon !
voilà la première fois qu'il se comporte en galant homme!

CHARLOTTE, écoutant.

Pauline !

JEAN, avec crainte.

Comment va-t-elle me recevoir ?

BRÉMONT, riant.

Grave question!

CHARLOTTE.

Je vais...

BRÉMONT, allant à la porte.

Non! venez, Pauline!

PAULINE, entrant.

Jean! (Elle s'élance vers lui.)

JEAN.

Pauline!

PAULINE.

Quelque chose me disait que j'allais vous revoir!... (Elle lui donne la main.)

BRÉMONT.

Jean vous apporte une grande nouvelle!...

CHARLOTTE.

C'est le bonheur pour tous ceux que tu aimes!... (Elle sort avec Brémont.)

SCÈNE VIII

JEAN, PAULINE.*

PAULINE, qui les a suivis des yeux, après un silence.

Jean, qu'y a-t-il?

JEAN.

Vous l'avez aimé ardemment.

PAULINE.

Il suffit d'une heure de folie pour mettre en deuil toute une existence!

JEAN.

Votre cœur n'a-t-il rien gardé de cet amour?

PAULINE, résolument.

Parlez franc... il est revenu?... je suis préparée à mourir!

JEAN.

Il ne reviendra jamais, Pauline!

PAULINE, très-frappée.

Ah!... (Elle se laisse tomber sur un siége.) Il est mort!

JEAN, après un silence.

Souhaitez-vous que je me retire?

PAULINE, absorbée.

Jeanne ne le connaissait pas!

JEAN, vivement.

Voulez-vous que nous causions de Jeanne?

PAULINE.

J'ai bien souffert quand j'étais chez monsieur de Brannes... je prierai pour lui... cela vous étonne et vous afflige de ne pas me voir pleurer?

* Jean, Pauline.

JEAN.

J'aurais été jaloux de vos larmes.

PAULINE.

Je ne pouvais pas être votre femme! mais j'eus le cœur brisé comme pour mourir quand je vous ordonnai de me fuir. Vous n'étiez plus là, mais Jeanne restait. Dès qu'elle put balbutier ses premiers mots, ce fut votre nom qu'elle dit avec le mien. Elle parlait de vous sans cesse. Quand je voulais oublier, sa petite voix bien aimée me disait : souviens-toi! C'est à vous que je pensais dans cette terrible maison où je vivais écrasée, où j'achetais un nom pour ma fille, au prix d'un mortel supplice... Oh! elle a été votre avocat fidèle, Jean! Combien de fois ai-je retrouvé sur sa joue la trace de vos baisers !

JEAN.

L'ange adoré ! ma Jeanne! ma fille !

PAULINE, se levant.

Je ne sais pas ce que le monde penserait de moi s'il m'entendait parler comme je le fais.

JEAN.

Je suis le monde, Pauline, je vous respecte et je vous aime !

PAULINE.

Mon ami, je ne puis vous entendre parler ainsi en ce moment ; je voudrais être seule.

JEAN.

Je vous laisse, Pauline ; je comprend le désir que vous avez de rester seule avec vous-même. — Nous avons tout dit sur le passé ; il m'est défendu de parler de l'avenir. (Il sort.)

PAULINE, le regardant sortir.

Il m'aime encore... que de larmes évitées mon Dieu! si monsieur de Brannes ne s'était pas trouvé sur mon chemin.

SCÈNE IX

PAULINE, DE BRANNES.*

DE BRANNES, paraît au fond, costume de voyage, il va à Pauline et s'incline devant elle.

Madame, j'ai l'honneur de vous présenter mes hommages.

* De Brannes, Pauline.

(Pauline pousse un cri et recule à la vue de de Brannes, Brémont entre par la droite.)

BRÉMONT, prenant Pauline par la main.

Rentrez dans votre chambre, Pauline, j'ai besoin d'être seul avec monsieur de Brannes. (Il la fait rentrer puis il revient vers de Brannes.)* Vous aviez promis de ne jamais revenir monsieur.

DE BRANNES.

En vérité !... c'est bien possible... en tous cas... je suis arrivé au bon moment.

BRÉMONT.

Pourquoi avez-vous quitté l'Amérique ?

DE BRANNES.

Oh! des désagréments... le mal du pays... et surtout l'envie de revoir ma femme... Elle est véritablement très-belle, madame de Brannes.

BRÉMONT, se contenant.

Que voulez-vous ?

DE BRANNES.

Ma femme... ma fille... la dot, et Paris... vous savez, c'est à Paris que j'emmène madame de Brannes, j'ai commandé la chaise pour ce soir.

BRÉMONT.

Et vous avez supposé que je permettrais...

DE BRANNES.

Rien du tout, docteur... rien du tout... s'il faut vous l'avouer, je ne songeais à vous que le jour où arrivait ma pension... bonne paie, soyons juste, jamais une heure de retard... seulement la vie est hors de prix là-bas, et l'on y joue un jeu d'enfer.

BRÉMONT, amèrement.

Avec les talents que l'on vous supposait...

DE BRANNES.

On voit bien que vous ne connaissez pas le nouveau monde... Ils sont très-forts là bas... Oh! mais très-forts et je vous engage, mon cher et bon docteur, à ne pas mettre d'amertume dans la discussion, parce que les voyages m'ont formé beaucoup... beaucoup...

BRÉMONT.

Nous pourrons bien voir tout à l'heure...

DE BRANNES.

Quoi ? Est-ce que vous croyez avoir encore affaire au jeune homme qui fut mis en déroute autrefois par une panique d'enfant ?... Et cette farce, toujours effrayante pour les novices, la parodie d'un tribunal d'honneur ! Il s'agit mainte-

* De Brannes. Brémont.

nant d'un autre tribunal. J'ai dans mon jeu un gros atout qui s'appelle la loi !

BRÉMONT, à part.

La loi !

DE BRANNES.

Et je n'ai qu'à m'y tenir en vous refusant de prendre des cartes.

BRÉMONT.

Êtes-vous bien sûr que la loi ne puisse rien contre vous, M. de Brannes?

DE BRANNES.

Je n'ai jamais creusé la question. M. Brémont... ce que je sais... c'est que je suis majeur, non interdit, et jouissant jusqu'à voir de tous mes droits civils. Les goûts changent à mesure qu'on vieillit ; il est bon de se ranger quand vient un certain âge... l'idée m'a poussé de vivre en famille et d'administrer à ma façon les quatre-vingt mille livres de rentes de madame de Brannes.

BRÉMONT, éclatant.

Vous me tuerez avant cela.

DE BRANNES.

Par exemple... un meurtre ! J'ai précisément quitté la Californie à cause de ces brutalités de mœurs. Vous avez entendu parler de ma mort, je passai pour mort à la suite d'une conversation à coups de révolver, six demandes, six réponses. (Mouvement de Brémont, reprenant avec calme.) M. Brémont, vous y êtes venu, de vous même. Vous avouez que votre dernière ressource est le duel. Je vous refuse le duel... ah ! ah ! les rôles sont bien changés, n'est-ce pas?... ce soir-là vous étiez dix contre moi ! et vous aviez tous le talon sur ma gorge... Ce soir là, j'implorais le duel, comme on demande grâce... Vous fûtes impitoyable ! Je serai sans pitié ! (Changeant de ton tout à coup et souriant.) Vous chargez-vous de prévenir ma femme pour tous ses petits préparatifs ? La chaise nous attendra à neuf heures... la soirée est fraîche, qu'on habille l'enfant chaudement! (Fausse sortie.) Si vous aviez quelque chose à me dire, vous me trouverez au salon de jeu. (Il sort après avoir salué Brémont.)

SCÈNE X

BRÉMONT, puis JEAN, puis CHERBISON et BILQUIN.

BRÉMONT, avec égarement.

Cet homme est notre maître ! que faire ! où est l'arme qui le tuera ! j'aurais dû le suivre en Amérique... j'aurais dû...

JEAN, entrant et affectant de sourire, à Brémont.

Pardonne-moi de t'avoir fait attendre. Mais Charlotte a voulu vous faire la surprise d'une promenade en voiture dans la montagne, et comme il n'y avait plus de chevaux à l'hôtel, le suis allé à la poste ; moi je vous réjoindrai dans une heure, le temps d'embrasser mes braves compagnons d'atelier, car c'est comme un souhait des contes de fées... tous ceux que j'aime sont ici... oui tous !

BRÉMONT, lui prenant la main et le regardant.

Tu as la fièvre !

JEAN, riant.

La fièvre ! la fatigue du voyage... va, et à bientôt !

BRÉMONT, à part.

Il sait tout ! j'en suis sûr !

JEAN.

Surtout ne t'inquiète pas si je tarde un peu, tu sais, je suis un étrange garçon,.moi, je m'amuse d'un rien et le temps passe... Allons, au revoir !

BRÉMONT.

Jean, tu n'as rien à me dire ?

JEAN.

Tu veux me donner une consultation ? Eh bien, soit!. quel est le vin qui grise le plus vite du Rudesheim ? ou du Johannisberg ?

BRÉMONT.

Que veux-tu faire ?

JEAN, riant.

Je veux égayer Cherbison et Bilquin.

BRÉMONT.

Jean je te dis que tu as la fièvre.

JEAN.

Eh bien tiens ! voilà qui la coupera. (Entrent Bilqnin et Cherbison.)

BILQUIN.

Vous nous avez demandé maître ?

JEAN.

Je suis à vous. (Il passe à gauche et parle à un garçon d'hôtel.)

BRÉMONT, à part.

C'est une affaire entre moi et M. de Brannes, Jean ne doit plus le rencontrer. (Aux deux rapins.) Ne le quittez plus! vous me répondez de lui. (Il sort.)

* Jean, Brémont.

SCÈNE XI

LES MÊMES, moins BRÉMONT.

JEAN, assis à l'angle de la table aux deux rapins.
On vous a dit de veiller sur moi?

CHERBISON.
Mais...

JEAN, appelant.
Garçon! (Aux rapins.) Cela vous étonne un peu. (Au garçon qui entre.) Un flacon de vin de l'Électeur... (Le garçon sort.)

CHERBISON.
De l'Electeur, connais pas ! Il y a quelque chose ! (Il échange un signe avec Bilquin.)

JEAN, leur montrant la table.
Mettez-vous là... (Le garçon apporte une bouteille et trois verres.) Et buvons !

BILQUIN, allant s'asseoir à gauche de la table.
Je n'ai pas soif.

JEAN, frappant la table d'un coup de poing.
Est-ce que j'ai soif, moi? (Il verse.)

CHERBISON, conciliant, s'asseyant entre Bilquin et Jean.
Maître! il n'y a pas d'offense !

JEAN, appelant.
Garçon des cartes...

CHERBISON.
A votre santé. (Le garçon apporte un jeu de cartes.)

BILQUIN.
Est-ce que nous allons jouer ?

JEAN.
Nous avons joué.

BILQUIN.
J'aime mieux cela.

JEAN.
Je vous ai gagné cinquante louis à chacun.

BILQUIN.
Ça, pas possible.

CHERBISON.
La vraisemblance est outragée.

JEAN.
Je le veux ! (Il remonte au fond du théâtre comme pour guetter l'arrivée de quelqu'un.)

* Jean, Bilquin, Cherbison.

CHERBISON.

Très-bien, maître... Bilquin ?

BILQUIN.

Cherbison !

CHERBISON, abattu.

Je jette ma langue aux chiens... où est le sphinx?

BILQUIN, de même.

Garçon, le sphinx !

JEAN, redescendant vivement à eux.

Voilà le sphinx ! (De Brannes paraît au fond avec Mina.)

BILQUIN, tressaillant.

M. de Brannes !

CHERBISON, de même.

Compris! (Ils remuent les cartes. Jean continue à leur parler bas.)

SCÈNE XII

LES MÊMES, DE BRANNES, MADAME MINA *.

De Brannes tient un petit stick à la main.

MINA.

Ici on ne perd jamais, Monsieur, jamais !

DE BRANNES.

J'ai fait deux rafles de cinq cents louis... je ne veux pas la mort de la banque. (Il descend à la table à droite.)

JEAN, jouant.

Un coup à la de Brannes.

DE BRANNES, s'arrêtant.

Jean... oh! oh! (A Mina.) Vous avez entendu... le départ avancé d'une heure, j'attends madame la vicomtesse ici... et je suis pressé... (Il s'assied à la table.)

MINA.

Je vais chercher madame la vicomtesse. (Elle sort.)

JEAN, à ses amis.

Attention !

CHERBISON.

On y est ! (Ils jouent.)

JEAN, haut.

Bonjour là bas ?

DE BRANNES.

Bonjour !

* Bilquin, Cherbison, Jean, de Brannes, Mina.

JEAN.

Le roi? tu ne me reconnais pas!

DE BRANNES, très-froidement.

Si fait! et vous?

JEAN, gaiement.

Tu as pris du ton, sais-tu?

DE BRANNES.

Et du caractère!

JEAN.

Te voilà doré comme un Velasquez!

DE BRANNES.

Toujours Jean-qui-Rit!

JEAN.

De plus en plus! gaîté folle! C'est un besoin de rire, une passion... une maladie... (Il rit.) Le Roi!

CHERBISON, avec colère.

Encore!

JEAN.

De Brannes m'a donné des leçons...

DE BRANNES, froidement.

Garçon, un journal.

BILQUIN, à Jean.

Il n'y viendra pas!

JEAN.

Il y viendra! (A haute voix.) Et nous jouons avec des cartes que je ramassai sous la table, le soir où de Brannes eut ce... désagrément... (De Brannes réprime un mouvement de colère.)

CHERBISON, à Jean.

Il y viendra.

DE BRANNES, au garçon d'un ton net et calme.

Allez à l'appartement de madame la vicomtesse... dites-lui que sa présence est nécessaire ici pour empêcher un malheur, allez! (Le garçon sort.)

CHERBISON, à part.

Ce coquin a douze pieds de haut.

JEAN, riant convulsivement.

Vicomte! ce n'est donc pas fini la comédie de la noblesse! (A part.) Que faut-il donc lui dire.

BILQUIN, qui observe de Brannes.

Il a pali!

JEAN, avec une lueur d'espoir.)

Il a pali! (Avec un effort désespéré pour rire.) Elle est drôle, l'histoire : de Presles m'a tout conté... Rien... allons! D'un faux titre à un faux nom, il n'y a que la main. (Il dévore de Brannes des yeux.) Et un mariage contracté sous un faux nom!

DE BRANNES, se levant et froissant le journal.

Ah! Prenez-garde! (Joie contenue des rapins.)

JEAN, riant à gorge déployée.

N'est-ce pas qu'elle est drôle l'histoire... elle vaut juste quatre-vingt mille livres de rentes!...

DE BRANNES, s'élançant sur lui la canne levée.

Misérable! (Cherbison lui arrache sa canne.)

JEAN, cessant de rire, se levant et lui mettant la main sur l'épaule.

Je tiens le coup pour reçu... vous m'appartenez!

CHERBISON, jetant les morceaux de la canne qu'il vient de briser.

Il y avait une paille!

DE BRANNES, stupéfait.

Ah! c'était un piége!

BILQUIN.

A loup.

CHERBISON.

Et le loup est pris. (Bilquin va prendre les deux épées dans l'armoire.)

DE BRANNES, se remettant.

Le loup a de bonnes dents, messieurs. (Voyant Bilquin avec les épées.) Pardieu, vous êtes gens de précaution.

JEAN.

Quand il vous plaira, monsieur.

DE BRANNES, à Jean.

Pardon... vous voudrez bien me permettre de choisir moi-même mes témoins; je ne vous demande pour cela qu'un quart d'heure.

CHERBISON, à Jean.

Soyez tranquille. (A de Brannes.) Nous aurons l'honneur de vous accompagner, les routes ne sont pas sûres.

DE BRANNES.

Venez, messieurs! (Ils sortent... Jean va pour les suivre... Pauline entre.)

SCÈNE XIII

PAULINE, JEAN*.

JEAN.

Vous!... pourquoi n'êtes-vous partie? rejoignez Brémont à l'instant, il le faut!

PAULINE.

Vous allez vous battre avec monsieur de Brannes.

* Jean, Pauline,

JEAN.

Je l'ai insulté il m'attend !

PAULINE.

Vous ne sortirez-pas... cela est impossible ! cela est impie...
nous serons séparés à jamais !

JEAN.

Soyez tranquille, je ne le tuerai pas !

PAULINE.

Ah ! vous voulez mourir... Et Jeanne, Jeanne votre amour
chéri... je ne prie plus pour moi... je prie pour elle... au nom
de ma fille, ne voyez-vous pas que vous emportez deux âmes.

JEAN.

Il faut en finir avec cette agonie... j'ai trop tardé... adieu !
(Il va pour sortir... Brémont paraît le poignet enveloppé d'un mouchoir,
il est suivi de Bilquin et de Cherbison.)

BRÉMONT, sur le seuil.

Où vas-tu, tout est dit !

SCÈNE XIV

PAULINE, JEAN, BRÉMONT, BILQUIN, CHERBISON, CHAR-LOTTE.

CHARLOTTE, entrant.

Blessé ! mon mari ! (Elle se jette dans ses bras.)

JEAN.

Brémont !

BRÉMONT.

Ce n'est rien ! (A Jean.) On ne peut plus embrasser l'enfant
dont on a tué le père. Tu n'avais pas songé à cela... mon
brave Jean... j'y ai pensé pour toi, voilà tout. (Il lui tend la
main... Charlotte va à Pauline.)

Rideau.

FIN DU QUATRIÈME ET DERNIER ACTE.

BIBLIOTHÈQUE DU THÉATRE MODERNE
Format grand in-18 jésus sur velin glacé.

	fr.	c.
ADIEU PANIERS! comédie en 1 acte, par M. Alph. De Launay. .	1	»
CELIMARE LE BIEN-AIMÉ, comédie en 3 actes, par MM. Labiche et Delacour	2	»
CORNEILLE A LA BUTTE SAINT-ROCH, comédie en 1 acte, en vers, par Ed. Fournier.	1	»
DANS MES MEUBLES, vaudeville en 1 acte, par M. J. Prével.	1	»
EH! ALLEZ DONC TURLURETTE! revue de l'année 1862, mêlée de couplets, en 3 actes et 7 tableaux, par MM. Th. Cogniard et Clairville	1	50
EH! LAMBERT! à-propos vaudeville, par MM. Clairville et J. Moineaux.	1	»
EN BALLON, revue en 3 actes et 14 tableaux, par MM. Clairville et J. Dornay, in-4° avec vignette.	»	50
J'VEUX MA FEMME, vaudeville en 1 acte, par M. J.-J. Montjoye.	1	»
LACHEZ TOUT! revue en 3 actes et 15 tableaux, par MM. E. Blum et A. Flan, in-4° avec vignette.	»	50
L'AUTEUR DE LA PIÈCE, comédie-vaudeville en 1 acte, par MM. Varin et Michel Delaporte.	1	»
L'AMOUR QUI DORT, comédie en 1 acte, par M. Pagésis. . .	1	»
L'AVOCAT DES DAMES, comédie-vaudeville en 1 acte, par MM. Hipp, Rimbaud et Raimond Deslandes.	1	»
LA CAGNOTTE, vaudeville en 5 actes, par Eugène Labiche et A. Delacour.	2	»
LA CORNETTE JAUNE, vaudeville en 1 acte, par MM. Carmouche et ***.	1	»
LA CHANSON DE LA MARGUERITE, ou UN PEU, BEAUCOUP, PASSIONNÉMENT, vaudeville en 2 actes et quatre tableaux, par MM. A. Delacour et Henri Thiéry.	1	»
LA CHERCHEUSE D'ESPRIT, opéra-comique en 1 acte, par Favart, remanié par Charles Hérold, musique arrangée par M. Pilvestre.	1	»
LA COMMODE DE VICTORINE, comédie-vaudeville en 1 acte, par MM. Eugène Labiche et Edouard Martin. . . .	1	»
LA COMTESSE MIMI, comédie en 3 actes, par MM. Varin et Michel Delaporte.	2	»
LA DAME AU PETIT CHIEN, comédie-vaudeville en 1 acte, par MM. Labiche et Dumoutier. . . . . . . , . .	1	»
LA DERNIÈRE GRISETTE, vaudeville en 1 acte, par M. Albert Wolff. . . . . . . , ...	1	»
LE DOYEN DE SAINT-PATRICK, drame en 5 actes, par MM. de Wailly et Louis Ulbach.	2	»
LA FANFARE DE SAINT-CLOUD, opérette en 1 acte, par M. Siraudin, musique de M. Hervé.	1	

fr. c.

fr. c.

MACBETH (de Shakspeare), drame en 5 actes, en vers, par
M. Jules Lacroix, 2ᵉ édition. . . . . 2 »

MISANTHROPIE ET REPENTIR, drame par Kotzebue, traduction
nouvelle, en 4 actes, en prose, par M. Alphonse Pagès. . 1 50

MON-JOIE FAIT PEUR, parodie de famille en 1 acte, par
MM. Siraudin et Ernest Blum. . . . . 1 »

MOI, comédie en 3 actes, par MM. Eug. Labiche et Éd. Martin. 2 »

MONSIEUR DE LA RACLÉE, scènes de la vie bourgeoise, par
MM. Edouard Brisebarre et Eugène Nus . . . . 1 »

NOS ALLIÉES, comédie en 3 actes, par M. Pol Moreau. . 2 »

NOS PETITES FAIBLESSES, vaudeville en 2 actes, par MM. Clairville, Henri Rochefort et Octave Gastineau. . . . . . 1 »

PATAUD, vaudeville en 1 acte, par M. Paulin Deslandes. . 1 »

PERMETTEZ, MADAME! comédie en 1 acte, par MM. E. Labiche et Delacour. . . . . 1 »

PROCÉDURE ET CAVALERIE, vaudeville en 1 acte, par M. Henri
Chlror et Alfred Duru . . . . 1 »

SOUS LES TOITS, vaudeville en 1 acte, par M. Jules Prével. 1 »

TROIS CHAPEAUX DE FEMME, comédie-vaudeville en 1 acte, par
MM. Lafargue et Siraudin. . . . . 1 »

TROIS HOMMES A JUPONS OU L'AMOUR ET LA TEINTURE, vaudeville en 1 acte, par M. Carmouche. . . . . 1 »

UN AVOCAT DU BEAU SEXE, comédie-vaudeville en 1 acte, par
MM. Siraudin et Choler . . . . 1 »

UN BAL D'ALSACIENNES, mascarade en 1 acte, par MM. Siraudin et Ernest Blum. . . . . 1 »

UNE FEMME QUI BAT SON GENDRE, comédie-vaudeville en 1 acte,
par MM. Varin et Michel Delaporte. . . . . 1 »

UNE FEMME, UN MELON ET UN HORLOGER! vaudeville en 1 acte,
par MM. Varin et Michel Delaporte. . . . . 1 »

UN HOMME DE RIEN, comédie en 4 actes, par M. Aylic Langlé. 2 »

UN HOMME DU SUD, à-propos burlesque, mêlé de couplets, par
MM. Henry Rochefort et Albert Wolff. . . . . . . 1 »

UN MONSIEUR QUI A PERDU SON MOT, comédie-vaudeville en 1
acte, par M. Jules Renard. . . . . 1 »

UNE NICHE DE L'AMOUR, comédie-vaudeville en 1 acte par
M. Victor Koning. . . . . 1 »

UNE SEMAINE A LONDRES, voyage d'agrément et de luxe, folie
vaudeville en 3 actes et onze tableaux, par MM. Clairville
et Jules Cordier. 1 50

UN TAILLEUR POUR DAMES, comédie, par M. J. Renard . . 1 »

UN TÉNOR POUR TOUT FAIRE! opérette en 1 acte, par MM. Wa-
rin et Michel Delaporte, musique de M. Victor Robillard. 1 »

ZÉMIRE ET AZOR, opéra-comique en 4 actes, par M. Mar-
montel, musique de Grétry . . . . 1 »

Coulommiers. — Typ. de A. Moussin et CHARLES UNSINGER.

www.ingramcontent.com/pod-product-compliance
Ingram Content Group UK Ltd.
Pitfield, Milton Keynes, MK11 3LW, UK
UKHW031841170726
13836UKWH00004B/1806

9 782329 454580